不登校からメジャーへ

イチローを超えかけた男

喜瀬雅則

光文社新書

目次

序章　イチローを超えかけた男

　1973年（昭和48年）。
王貞治、長嶋茂雄の「ONコンビ」に牽引された巨人が、前人未到の「9連覇」を達成した
その年、次代のプロ野球を担うバッターたちが、この世にそろって生を授けられていた。
豪快なフルスイングで本塁打王1回、打点王2回の大砲・中村紀洋《のりひろ》（元・近鉄〜ドジャース
〜オリックス〜中日〜東北楽天〜DeNA）。
　2002年（平成14年）、03年（同15年）に2年連続首位打者、通算2120安打の小笠原
道大《みちひろ》（元・日本ハム〜巨人〜中日、現・中日2軍監督）。
平成最後の三冠王、第1回WBCでは日本代表の4番を務めた松中信彦（元・ソフトバンク）。
そして、不世出の安打製造機の存在を忘れるわけにはいかない。
日米通算4367安打を誇る「レジェンド」イチロー。

そう括られているわけではない。それでも、昭和48年生まれの選手たちをこう呼んでも、誰も否定はしないだろう。

「イチロー世代」

そのイチローを語っていく上で、欠かせない「枕詞《まくらことば》」ともいえるフレーズがある。

「日本人初の野手メジャーリーガー」

ところが、これをひょっとしたら奪っていたかもしれない、同世代の選手がいるといえば、一体、どんな名前を想像するだろうか？

ノリでも、ガッツでも、平成の三冠王でもない。

この「イチローを超えかけた男」の半生を、これから描いていく。

根鈴雄次《ねれいゆうじ》という野球人がいる。

中学時代から神奈川県内でそのパワフルなバッティングが評判となり、横浜、桐蔭学園、東海大相模など、全国でも名の知れた高校野球の強豪校の間で、激しい争奪戦になった逸材だった。

日本大学付属藤沢高へ指定校推薦で入学すると、最初の練習試合でいきなり「4番」を任され、本塁打を放つという鮮烈デビューを飾った。

甲子園で活躍して、プロに行く。

そんな将来像を、本人も周囲も当たり前のように描いていた。

ところが、その期待の星は、高校入学からわずか1カ月後に「不登校」に陥ってしまう。

真っすぐに突き進んでいくはずだった〝野球界の王道〟から、早々とコースアウトしてしまったのだ。


文部科学省が定義する「不登校」とは——。


何らかの心理的、情緒的、身体的あるいは社会的要因・背景により、児童生徒が登校しないあるいはしたくともできない状況にある者（ただし、「病気」や「経済的理由」による者を除く。）

（児童生徒の問題行動・不登校等生徒指導上の諸課題に関する調査—用語の解説＝文部科学省ＨＰより）


その文科省が２０１８年（平成30年）10月25日に発表、ホームページ上でも公開している調査データがある。

「平成29年度　児童生徒の問題行動・不登校等生徒指導上の諸課題に関する調査結果について」

この調査結果によると、高校における不登校の生徒数は4万9643人。在籍者数に占める割合は「1・5%」だという。

およそ330万人の高校生、そのうちの「5万人」。

100人の高校生がいれば、1人か2人が「不登校」という計算になる。そこから推察できるのは、どの高校でも、各学年に〝心の不調〟に陥る生徒が、必ず数人は存在するということでもある。

自らが「不登校」に陥った当時の〝状態〟を、根鈴はこんな言葉で表現してくれた。

「車でいうなら、ガス欠ですね。給油できなくなって、動けなくなる感じ……といえば、分かりますかね?」

燃料タンクが、空っぽに近づくと、警告音も鳴る。

だから、燃料を補給しなければならない。その時期が近づいているのが、自分でも分かるのだ。

なのに、何もできない。そして、動けなくなってしまう。

「メンタルですよね。『やる気力』がなくなっちゃうんです」

社会生活の中には「そうあるべき」「こうなるべき」という「型」や「手順」のようなものがあるといっていい。

それは、野球界はもちろん、ビジネス界、会社、学校生活といった、それぞれの環境に合わせたルールや慣習のようなものだろう。

目指す〝べき〟目標やゴールに向かって、一歩ずつ段階を踏んでいく。そうして、ヒエラルキーの「上」へ上っていく。

日本社会というのは、そうした一つ一つのステップで、そのレベルに応じた課題をこなしていくという「過程」を、ことさら重視する風潮があるのは否めない。


甲子園で活躍して、名門大学へ進学する。

ドラフト会議で指名されて、プロの世界に入る。

日本のプロで活躍した後に、メジャーへ挑戦する。

野球界でいえば、こうした「図式」における〝あるべきステップ〟を順々にクリアできる力を持った選手こそが「スター」なのだ。

高校野球は、上位のカテゴリー、つまりさらなる夢へとつなげていくための、いわば「第1関門」ともいえる位置づけにある。

根鈴雄次は、その門をくぐった途端、いきなり躓《つまず》いたのだ。

不登校、引きこもり、留年、高校中退。

それらのフレーズは、世間一般で「標準」とみなされている「高校生活」を全うできなかったことを表す〝負のイメージ〟を帯びている。

野球界、ひいては社会の「主流」からの脱落。

それが、たとえ一時的なものであっても、周囲はこれらの断片的な事実から、単純に、そして短絡的にこう結論付けてしまう。

もう、あいつは終わった——。

誰も大っぴらに口には出さなくとも、そう判断しているのだ。

しかも、その「負のレッテル」は、ずっとついて回るのだ。


単独渡米、帰国、定時制高、そして東京六大学へ。

どの局面でも、根鈴は「そんなヤツはいなかった」と言われ続けてきた。それは、高校での不登校という躓きから立ち直り、前例のない道をたった一人で歩んできた「勇気」「行動力」

「決断力」などに対する世間からの称賛でもある。

しかし、その裏を返せば「それまで何をしていたんだ?」という周囲からの「うがった見方」も含まれている。

法政大学という「名門野球部出身」という肩書は、あえて俗な表現をすれば、人生の一発逆転、過去の「負のレッテル」をはがすことができるだけの「輝き」と「説得力」を持っている。

なのに、根鈴は再び渡米する。

就職もせず、何の保証もない世界へ自ら、足を踏み入れたのだ。


２０００年(平成12年)。

26歳のルーキーは、モントリオール・エクスポズ(現・ワシントン・ナショナルズ)とマイナー契約を結ぶと、ルーキーリーグから１Ａ、２Ａを経て、わずか3カ月で３Ａへ駆け上がった。

メジャーの一歩手前。メジャー予備軍のカテゴリーだ。

村上雅則、野茂英雄、伊良部秀輝。

そうそうたる先人たちが、メジャーの舞台に立っていた。

しかし、すべて「投手」だった。

2000年当時、日本人の「野手」で、メジャーリーガーになった選手は、いなかったのだ。

イチローが、ポスティング・システム（入札制度）でオリックスからシアトル・マリナーズへの移籍を果たしたのは、2000年オフのことだ。

メジャーデビューは、翌2001年（平成13年）。

もし2000年、根鈴雄次がメジャー昇格を果たしていたら――。

日本人野手として初のメジャーリーガーとなっていたのは、イチローではなかったのだ。


根鈴には、翌2001年（平成13年）にも、イチローを超えかけるチャンスが、再び訪れていた。


「あの時、人生で一番神がかっていました」

マイナーのキャンプで結果を出し続け、メジャーの開幕1週間前まで、昇格への夢をかけたサバイバル戦を生き残ってきたのだ。

ひょっとしたら、ひょっとする――。

根鈴雄次は、モントリオール・エクスポズ。

イチローは、シアトル・マリナーズ。

2人がメジャーの開幕ベンチ入りメンバーの25人に入れば、開幕試合の場所、時差を考慮すると「日本人野手初のメジャーリーガー」の栄誉は、根鈴雄次に与えられていたのだ。

不登校、引きこもり、高校中退。

高校野球をやり遂げることができず、日本のプロも経験していない、本当に「無名のプレーヤー」が、日本の野球の歴史を塗り替えようとしていたのだ。

しかし、2度の「もし」は、いずれも実現しなかった。

「今、思っても『たら』と『れば』だらけです。でも僕は、野球がやれないところから、キャリアがスタートしているんです。不登校、引きこもり。一番大事な16歳、17歳、18歳で野球をやっていない。その〝下〟からの幅を見れば、その『奇跡の幅』だったら、イチローに負けていないですよ」

ともに1973年（昭和48年）生まれ。

鈴木一朗、10月22日。

根鈴雄次、8月9日。

わずか74日違いの同級生。

「だから、僕の誕生日は〝や・きゅう〟の日なんです」

その2人の野球人生は、一度として交錯していない。

イチローが3089本のヒットを積み重ねたメジャーの舞台に根鈴は結局、一度も立つことができなかった。

歴史に名を刻むチャンスが訪れたのは、ほんの一瞬だった。

それでも、根鈴は「野球」にこだわり続けた。

その後もアメリカ、カナダ、メキシコ、オランダ、日本の5カ国で、プレーを続けた。「不登校」の高校時代から、再び「野球」を心の支えとして立ち上がり、自らの人生を切り開いていった。

「不登校や高校中退の学生たちに、メッセージになったらいいと思うんです。多様な世の中で、いろいろな道を示してあげたい。だから、不登校でも登校拒否でも、どんなテーマでも大丈夫です」

根鈴雄次が、この本の取材を快諾してくれた理由の一つだった。

一度躓いたからって、もう終わりじゃない。

その不屈のベースボール・プレーヤーが歩んできた道のりを、これから、丹念にたどっていきたい。

第1章　不登校の4番打者

自宅に帰る、その道すがらのことだった。

根鈴雄次は突然、自分の体の〝内〟から、何かが崩れ落ちていくような感覚に襲われた。

足元から、すっと力が抜けていく。

歩いている自分が、自分ではないような気がする。

その姿を、どこか冷静な目で見つめる、もう一人の自分がいる。

どうしたんだ、俺。

「安堵感……だったのかな。こう、すーっと、一気に疲れが出たというのか……。何か、こう、うまく言えないなあ……」

伝える言葉を、何とかして紡ぎ出そうとしてくれていた。


15歳の心が、いっぱいになってしまった瞬間――。

それが、この物語を綴っていくための『スタート地点』になるような、そんな気がした。

だから、そのおぼろげな感覚を、どうにかして言葉で表現してもらおうと、私の心に浮かんだ〝絵〟を提示してみた。

記憶を閉じ込めている扉を開ける、ちょっとしたきっかけになってくれれば、という思いからだ。

コップの縁まで張り詰めた水に、ぽちょんと水滴が落ちる。

水がこぼれ出して、そのはずみでコップも倒れる。

それで、コップの中の水が、どさっと流れ出てしまう。


擬音語と擬態語だらけのたとえ話だったが、心にどこかしら、響いてくれたのかもしれない。

「そういう感じでしたね」

すると、その時の思いをぎゅっと凝縮したかのような言葉が、根鈴の口から、一気にあふれ出てきた。

「ホントに『こぼれた』という感じでした。そうです、一滴なんです。その一滴というのが、ホームランを打った時なのかな」

記憶では「４月の終わりくらい」だったという。

高校に入学して１カ月。初の練習試合で先輩たちを押しのけ、１年生ながら「４番」を任されていた。

その第２打席だった。

引っ張った一撃は、右翼フェンスを楽々と越えていった。

高校生として、初めて打ったホームランだ。

「すげーよ」「やるじゃん」「さすがだよ」

チームメートたちが、興奮のボルテージを上げている。

背中を、両肩を、何度となく、ぽんぽん叩かれていた。

その熱い賛辞と反比例するかのように、心の中の温度が次第に冷めていくのを感じていた。

本塁打を打った。まさにその時、何かが変わった。

「見えた。そんな気になったんです。すると、モチベーションというか、バランスが……崩れたんです。ベクトルが向かなくなってしまったというんですか……」

ホームランを『打つ前の自分』と『打った後の自分』。

その〝移行の瞬間〟に、一体何が「見えた」というのか。

しつこく、重ねて、質問を掘り下げてみた。

「ああ、なんか、俺、間違ってないんだ。表現がしにくいんですけど……。これでいいじゃんか。そう思ったんです」


1989年（平成元年）春。

根鈴雄次は、神奈川県の日大藤沢高に入学した。

元・中日ドラゴンズの投手で通算219勝、50歳まで現役を続けた山本昌をはじめ、プロの世界にも多くのOBを送り出している。

その強豪校へ、指定校推薦で入学した。

甲子園に出る。そして、プロの世界へ進んでいく。

大いなる夢を抱き、飛び込んだ高校野球の世界。しかし、根鈴には、その空気がどうしても肌に合わなかった。

厳しい上下関係、朝練、グラウンド整備、全体練習、後片付け。

課されることが多すぎて、自分を振り返る余裕もない。

俺のやりたい野球って、これだったのか？

楽しくない。なぜか虚しい。すると、監督の言葉も、先輩たちのちょっとした指示も、全く意味のないもののように思えてくる。

「中学の頃って、月曜から金曜までは自分で考えて練習して、それを土曜と日曜の試合で試してみる。そんな感じだったんです。基本的には『遊び』じゃないですか。そういう野球しか知らなかったんです。でも、高校に入ったら、それこそ365日、始発電車で学校に行って、朝から練習する。そのことに面食らったんですよ」

たかが部活動。ちっぽけな世界の出来事に過ぎない。

しんどいのは、最初だけ。少しの間の辛抱だ。

そうやってやり過ごしていけば、いいだけの話なのかもしれない。

それでも、何かが違う。一体、どうすればいいんだ。

揺れる心は、どうしても「自己否定」につながってしまう。

『心のコップ』には、縁すれすれまで水がたまっていた。


練習、しんどいんだ。やってられねえよ。

愚痴をぶつけると、時に慰めてもくれる。その緩衝材になってくれるはずの『家族』が、その時、ばらばらになっていた。

父親の抱えた借金が理由で、両親が離婚を余儀なくされたのだ。

「家がちゃんとしていたら、ストレスにも耐えられていたと思うんですよね。でもその時、心が削れていってたんです」

野球の練習を終え、学校から帰っても、家には誰もいない。

孤独感からのストレス。しかし、その晴らしようも分からない。

中学時代から自己流で取り組んでいたウエートトレーニングで、今よりもっと、自分の体に筋肉をつけたかった。

そのための時間が欲しい。トレーニングジムにも通いたい。

なのに、15歳の自分は、監督や先輩たちに「こうしたい」と自分の言葉で、自分の思いを伝え切れなかった。

周囲に流されているかのように、仲間たちと足並みをそろえようとしている、自分への苛立ちも募り始めていた。

ざわざわした心が、収まらない。

少年から、大人へと変わっていく。その多感な時期に抱え込んだ複数の方程式の解を、全く導き出せなくなっていた。

微妙なバランスをかろうじて保っていた〝水面〟が、大きく揺れ動いたのは、そんな時だった。


将来を見据えて、一度立ち止まって、考えてみる。

こうなりたい。そのために、今、何をすべきか。

我慢なのか。主張して、己を貫くのか。

しかし、15歳の思春期に、そんな成熟した、冷静な判断を下せる心の持ち主の方が、むしろ珍しいのではないだろうか。

強気と弱気。希望と無力感。

もっとやれる。いや、やっても、どうしようもない。

表裏一体のカードは、心の中でくるくると、ずっと回転していた。

どれが、本当の自分なんだ。

答えは出ない。

迷いのループに、完全に入り込んでいった。


ホームランを打った、その翌朝のことだった。

目覚めても、ベッドから立てなくなっていた。

まるでブレーカーが落ちたかのように、体に「動け」という電気信号が届かない。

それでも、朝練に行かなきゃいけない。

追い立てられるような思いだけで気力を振り絞り、家を出た。

始発電車に乗るために、夜明け前の薄暗い町を歩いていると、息が切れてくるのが分かった。

目の前の景色が、ぐらぐらと揺れている。

近所の公園のベンチに、がっくりと座り込んだ。

まぶしい朝の光が差してくる。それでも、立ち上がれない。

もう、きっと、練習は始まっているんだろうな。

電車に乗らなきゃ。早く学校に行かなきゃ。

心の中では、とても焦っていた。

なのにふらつく足は、駅とは逆方向の自宅へと向かっていた。

「ちょっと具合が悪いから、戻って来た」

出勤前の準備で忙しい教師の母にそう告げると、階段を這うように上り、２階にある自室のベッドに倒れ込んだ。

翌朝、体温を測ると、39度まで上がっていた。

その翌朝も、その次の日も、朝になると体温がはね上がった。

「だるいんです。学校に行きたくないし、練習に行くとか、するとか、しないとか、そういうのじゃなくて、とにかく、家から出たくなくて……」

その迷える若者に、寄り添い続けた野球人がいた。


東京から電車を乗り継ぎ、およそ3時間。

茨城県鹿嶋市は、サッカーＪ１の強豪・鹿島アントラーズのホームタウンでもある。

Jリーグの試合当日には、深紅のレプリカユニホームに身を包んだサポーターたちで、JR鹿島神宮の駅前はごった返すという。

「それ以外の日は、このあたり、人がいませんよ」

笑いながら、タクシーの運転手さんが明かしてくれた。その静かな駅前から、小高い丘に向かって車で約10分。下校する生徒たちの横をすり抜けるようにして、車は鹿島学園高の正門前へと到着した。

「相当、遠かったでしょ？」

鈴木博識・鹿島学園高校野球部監督

野球部監督の鈴木博識《すずきひろし》が、プレハブの部室で、温和な笑顔とともに出迎えてくれた。

1989年（平成元年）創立の同校には、2018年（平成30年）現在も甲子園の出場経験はなく、県ベスト4が最高成績だ。

決して強豪とはいえない、歴史も浅い野球部に鈴木が監督として迎えられたのは、2015年（平成27年）8月のことだった。

鈴木が築き上げてきた実績は、実に輝かしい。

1996年（平成8年）から14年間、母校・日本大学の監督として、全国大学選手権で準優勝2度。村田修一（元・横浜～巨人、現・巨人2軍打撃兼内野守備コーチ）、長野《ちょうの》久義（巨人～広島）ら、プロの世界でも一線級で活躍する選手たちを、数多く育て上げている。

１９５０年（昭和25年）生まれ。還暦も越えた名将が、最後の挑戦の場として選んだのは、もう一度、高校生と一緒に、甲子園という「夢」を追うことだった。

鈴木は１９６８年（昭和43年）夏、栃木・小山高のエースとして甲子園に出場。初戦（2回戦）の高松商戦では、8回まで1失点の好投も、同点で迎えた9回にサヨナラ負けを喫している。

日大、そして社会人の三菱自動車川崎でも活躍した後、１９８１年（昭和56年）から、指導者生活をスタートした。

まず青森商で5年間監督を務め、１９８７年（昭和62年）から日大藤沢高の監督に就任した。赴任当時、日大藤沢には甲子園出場経験がなかった。

自分もプレーした夢の舞台に、生徒たちを立たせてやりたい。

情熱的な指導ももちろんだが、いい選手がいると聞けば、休日も惜しんで、スカウティングのために足を運んだ。

監督就任直後の、暑い夏の日のことだった。

鈴木は、中3の有望な左打者を視察するため、神奈川県内のあるグラウンドに出向いた。

ところが、その選手と同じチームで一塁を守っていた体のがっちりした「別の選手」の動きに、いっぺんに心を奪われた。

「バッティングのパワー。ヘッドスピード。スイングの強烈さ。それは、すごかったですよ。この選手、いいなあと」

それが、中学2年生の根鈴だった。

シニアリーグでは、軟式ではなく、硬式のボールを使う。

緑中央リトルシニア（現・横浜青葉リトルシニア）に入団した根鈴の、中1での初めてのゲーム。つまり、硬式での第1打席でいきなり、本塁打を放ったという。

根鈴は、聞こえてくる〝自分への高評価〟がうれしかった。

「今で言うなら、清宮（幸太郎＝現・日本ハムファイターズ）君みたいに、ずぬけた体で目立っていたみたいです。パンチ力も『神奈川県で1番』と言われて、打ったら周りが『おーっ』って」

小6の時点で、すでに身長170センチ、体重85キロ。

その恵まれた体格を生かした豪快なバッティングは、県内でも早々と、評判になっていた。

すごい体の中学生が、ホームランを打ちまくっている——。

根鈴に着目したのは、鈴木だけではなかった。

横浜、桐蔭学園、東海大相模。

名だたる強豪校の監督や関係者が根鈴のプレーを視察に訪れた。

「ウチの学校に来てくれないか」

にわかに〝怪物争奪戦〟が勃発していた。


海の向こうのメジャーリーグでは、パワー時代が到来していた。

マーク・マグワイアと、ホセ・カンセコ。

当時、オークランド・アスレチックスに所属していた2人は「バッシュ・ブラザーズ」の異名を取っていた。両腕や胸板、太ももの筋肉の盛り上がりは、ユニホームがはちきれんばかりだった。

マグワイアは、1987年（昭和62年）に49本塁打でメジャーの新人としての本塁打記録を樹立し、満票でア・リーグの新人王を獲得。1998年（平成10年）には、当時メジャー記録となるシーズン70本塁打をマークした。

サミー・ソーサ（シカゴ・カブス）との激しい本塁打王争いは、米国のみならず、日本で、そして世界中の注目を集めた。

キューバ出身のカンセコも、1988年（昭和63年）に、メジャー史上初の42本塁打、40盗塁の「40・40」を記録。

パワーヒッターは、足が遅い。そんな常識を一気に覆したスラッガーはその年、満票でア・リーグMVPに選出されている。

丸太のような両腕でバットを振り回し、本塁打をたたき込む2人のパワフルなプレーに、中学生の根鈴はすっかり魅了された。

「プロレスも好きだったんです。だから、野球とプロレスが一緒になりました。プロレスラーみたいな選手が野球をやっていたし、僕も〝あんな形〟で野球をやりたいと思ったんです」

衛星放送のメジャーリーグ中継にかじりついた。さらには、トレーニングジムへ連日通い詰めるようにもなった。

ウエートトレーニングの解説本や、ボディービルダーの専門誌までも片っ端から読みあさり、筋肉の鍛え方を徹底的に研究。プロテインを混ぜた牛乳も、毎日のように飲んだ。

中3の時点で、ベンチプレスで100キロを上げた。

一般の成人男性だと、その重量は平均40キロ程度といわれている。その大人顔負けのパワーを生み出す二の腕や胸板が、どんどん分厚くなっていく。その変わっていく体が、誇らしかった。

成長期真っ只中。体つきの個人差は大きい時期とはいえ、筋骨隆々の中学生は、グラウンドで異彩を放っていた。

「風貌も気に入ったんですよ。普通の中学生じゃやなかった」

段違いの飛距離を見せつけ、勝ち気な表情でダイヤモンドを一周する根鈴の姿に、鈴木はすっかり惚れ込んだ。

投手をやらせても、県大会でノーヒットノーラン2回、パーフェクトも1回。つまり、3試合すべてノーヒットに抑えて全国大会に進出したという、二刀流の「スーパー中学生」だった。

「俺と一緒に、甲子園へ行こう」

鈴木は、根鈴のもとへ日参した。

バッティング練習中に、興奮を抑え切れなくなってしまい「こうすれば、もっと飛ぶぞ」とグラウンドへ走り出ると、身ぶり手ぶりを交えながら、声をかけることすらあった。

中学生に対して、勧誘にあたりかねない言動を高校野球の監督自らが直接行うことは御法度《ごはっと》だ。そんなルールも頭から飛んでしまうほどに、目の前に現れた逸材に、鈴木は興奮した。

「甲子園で活躍して、ドラフトで指名されてプロに行く。ただそのルートも、中学生では見えないじゃないですか。ネットで調べられるような時代でもないし、前例もなかったですしね。それでも監督に、熱く誘ってもらえましたから」

河野亮・千葉ロッテマリーンズ1軍打撃コーチ

この人なら、自分の「夢」を託せる。

根鈴は、指揮官の情熱に導かれるように、日大藤沢を選んだ。

その当時、鈴木は「超高校級」と見込んだ1年生の右打者を、手塩にかけて育てている真っ最中だった。

2年後に、根鈴が1年生として入ってくれば——。

3年生の右打者と、1年生の左打者。左右のスラッガーを中軸に据えた強力打線を組めば、激戦区・神奈川も勝ち抜ける。

『甲子園への青写真』を、鈴木は明確に描いていた。

鈴木が大きな期待をかけた「右打者」とは、河野《かわの》亮《りょう》という、一人のスラッガーだった。

日大藤沢高で根鈴の2学年上。つまり、根鈴が入学した時の3年生で、高校卒業後の1990年（平成2年）に、ドラフト外でヤクルトへ入団している。

その年度、1989年（平成元年）11月26日に行われたドラフト会議の目玉は、8球団からの指名を受け、後にメジャーでも活躍する近鉄・野茂英雄（新日鐵堺）だった。ヤクルトの１位も、プロ12年間で２桁勝利５度、通算75勝を挙げた右腕・西村龍次（ヤマハ）、同２位はＩＤ野球の申し子と言われた名捕手・古田敦也（トヨタ自動車）だった。

同期入団に、そうそうたる顔ぶれがそろった〝当たり年〟でもあった。

河野はその後、ダイエーホークス（現・福岡ソフトバンクホークス）、中日、オリックスの計４球団を渡り歩き、プロ12年間で通算17本塁打をマーク。１９９５年（平成７年）にヤクルトで、１９９９年（平成11年）にはダイエーで、それぞれファームで本塁打王を獲得するなど、そのパンチ力には定評があった。

２００１年（平成13年）に現役引退。３年間の会社員生活を経験した後、２００５年（平成17年）に発足した新球団・東北楽天のフロント職員として迎えられた。

その中で、異例のキャリアが刻まれている。

２０１１年（平成23年）から４年間、河野は当時の監督・星野仙一を送迎する専用車の「運転手」を務めたのだ。

仙台市内の監督宅から、本拠地の楽天Ｋｏｂｏスタジアム宮城（現・楽天生命パーク宮城）まで、およそ10分の道のり。ルームミラーに映る指揮官の顔を見るのは大事な日課だった。

敗戦後、ちょっとした試合の反省や総括を、星野が話し出す。自宅に到着しそうになっても終わらないようだと、ちょっと遠回りして、心の中の重荷を、車の中ですべて吐き出してもらう。

虫の居所の悪い時には、怒鳴られることだってある。闘将と呼ばれた男にとっても、重い〝監督としての鎧〟を、わずかな時間とはいえ、脱ぐことができるのがその車中でもある。

その小さな空間を、河野は共有することを許されたのだ。

2015年（平成27年）からの4年間、楽天の2軍打撃コーチを務め、2019年（平成31年）からは千葉ロッテの1軍打撃コーチに就任した。

1軍での実績は決して目立ったものではない。それでも選手として、社会人として、裏方として築いてきた豊富なキャリアは、技術面だけではなく、若手選手の「心の成長」を促す指導者には、まさしく必要不可欠な要素なのだ。

その河野にとっても、根鈴との出会いは、衝撃的だったという。

「怪物でしたよ、雄次は」

当時、神奈川県で「河野あり」と言われた存在だった。

高校卒業時にプロ入りするような選手だから、その看板に偽りはない。1年生の秋から「4番」を張り続け、試合でも目立つ。

もちろん、他校の選手からも一目置かれる。

自信と誇りに満ちあふれた河野に対し、監督の鈴木は、戒めの思いも含めてだろう。連日のように〝脅しの言葉〟を掛けた。

「すごいのが来るからな。お前より飛ばすやつだぞ」

そんなヤツ、いるわけない。

河野は、内心では高を括っていたという。

「僕も、神奈川では敵なしだと思っていました。だから、僕より飛ばすやつなんて言われても、本気にしてなかったんです」

高校入学前に、その新入生が練習に参加した。

「ホントにいるんだ……」

根鈴のバッティングを一目見た瞬間、鈴木の言葉が本当だったことを、河野は即座に理解したという。

高校野球では、金属バットを使用する。反発力が格段に高く、少々当たり所が悪くても、木製バットのように折れたりもしない。

極端な話、強烈な力で金属バットをボールに衝突させれば、飛距離は出る。パワーのある選手なら、打球を遠くへ飛ばせるのだ。

しかし、実戦になると、レベルの高い投手たちは相手のタイミングを巧みに外してくる。ストレートも変化球も、中学生と高校生では、その速さも鋭さも段違いだ。3年生のエース級の投球術の前には、1年生レベルの打者では、ひとたまりもないのが現実だ。

ところが根鈴は、入学直後から上級生の投手を相手にしながら、いとも簡単に打ち返していたという。

「練習だけだったら、飛ばせる子はいるんです。でも、3年生の速いボールや変化球に対しても、きっちり対応していた。入ってきた時から、飛ばすことに関しては高校野球でトップレベルだったと思います。雄次みたいに、僕は1年生の4月の段階では、3年生のボールは打ち返せなかったですから」

その打ち方にも、河野はただただ驚かされた。

なぜなら「セオリー」に、全く合致していなかったからだ。

「バッティングは下から」と言われる。

力任せに振っても、打球は飛ばない。下半身の力をしっかりと打球に乗せないといけない。

監督から、コーチから、先輩から、何度となく、口酸っぱく教え込まれ、伝えられていく〝金言〟でもある。

スイングを始めると、まず捕手側の「後ろ足」から、投手側の「前足」へと体重を移していく。

その前足で踏ん張り、腰を回転させていく。これに伴い、腰の動きに少し遅れる恰好で上半身が回転する。

この「ねじれ」から生まれたパワーを、バットからボールに伝えることで、打球を遠くへ飛ばす。欧米人よりもパワーで劣る日本人は、この形でなければ、打球が飛ばないと言われ続けてきた。

１９９４年（平成6年）に、当時のシーズン最多安打となる２１０安打を放ってブレイクした頃のオリックス・イチローの打ち方は「振り子打法」と呼ばれていた。踏み出す右足を振り子のように左右に揺らしながらタイミングを取り、投球のタイミングに合わせて、右足を前に踏み込んでいく。

その体重移動に伴うパワーを、バットに乗せていく。その下半身主導の打撃こそが、日本のスタンダードと言われてきた。

ところが、マグワイアやカンセコが台頭してきた１９８０年代後半、メジャーの主流は「パワー打法」に変貌しつつあった。

体重移動に伴う「軸足の移動」がほとんどなく、体の中心を縦に貫く「軸」を中心に、腰を鋭く回転させ、上半身は一気にねじり上げる。

米国では「ＳＴＡＹ　ＢＡＣＫ」といわれる。軸が動かないから頭も動かない。つまり、頭は「後ろに残る」のだ。

回転軸が「前」なのか「後」なのか。

その数十センチの差が、ミートポイントの違いに表れる。

日進月歩のトレーニング法で、メジャーでも投球のスピードが年々上昇しており、２０１７年（平成29年）２月17日付配信の「ＭＬＢ．ｃｏｍ」によると、メジャーリーグでの「４シーム・ファストボール」、つまり一般的な「ストレート」の平均球速は93・１マイルで、これをキロ換算にすると「１４９」になる。

つまり「平均１５０キロ」というスピード時代に突入している。

ＮＰＢ（日本野球機構）でも、２０１９年３月29日付配信の「ＢＡＳＥＢＡＬＬ　ＧＡＴＥ」によると、２０１８年（平成30年）の平均球速が１４３・７キロ。日本のプロでも、ここから四半世紀前の１９９０年代なら「速い」と言われたその数字が、いまや「普通」というレベルに達しているのだ。

この「速さ」に対抗するために、ボールを捉える『点』を、できるだけ体に近いところまで引きつける。

コンマ数秒とはいえ、投球を見極めるための〝間〟を生むのだ。

「ボールを呼び込む」「手元に引きつけて打つ」は軸回転型。

一方の「前でさばく」というのは体重移動型。

野球中継の解説などで聞かれるフレーズに込められた意味合いには、それぞれの「型」が前提とされているのだ。

「軸回転型」は、日本で主流の「体重移動型」と違い、強靭な下半身を土台として、上半身をより鋭く、速くターンさせることによって、大きなパワーを生み出さないといけない。

欧米人の持って生まれた筋力は、もちろん大きなアドバンテージになるが、ウエートトレーニングによって、そのためのパワーをさらに強化していく必要がある。

後にカンセコや、メジャー記録となるシーズン73本塁打を放ったサンフランシスコ・ジャイアンツのバリー・ボンズら、名だたるパワーヒッターたちが、禁止されている「筋肉増強剤」の使用を疑われ、摘発されたりしている。その〝禁〟を犯してまでも、よりパワフルな体を手に入れようとしたのは、投手のスピードボールに対して、より鋭く、速い軸回転による力を生み出したいという、強い願望の裏返しともいえるのだ。

この「パワー打法」で、よく指摘される「欠点」がある。

ボールを飛ばそうと、重心を軸足に残そうとする意識が強くなりすぎ、どうしても捕手側の肩が下がりがちになる。

するとバットをしゃくるような「アッパースイング」になってしまう。めいっぱい振り回す豪快さは「荒い」と表現され、飛距離は出ても、確実性に欠けるといわれた。

後ろ足に体重が残り、あごが空の方向を向く。

反り返ったそのフォルムは「明治の大砲」と呼ばれ、日本の野球界では忌み嫌われ続けた、悪い打ち方の典型だった。


当時のメジャーは、まだまだ一部のマニアたちの特殊な世界とも見られていた。

外国の野球と、日本の野球は違う。

体つきも違う。あんな力任せのスイングは、日本人には無理だ。

メジャーに倣うという概念など、全くない時代だった。

しかし、根鈴は、高校生の頃から「メジャーの打ち方」だった。

迷いの色が見えないフルスイング。

体が反り返るほどのフォロースルー。

自分とは完全に違う打ち方で、とてつもない打球を放っている後輩の姿に、河野は驚きを隠せなかった。

「明治の大砲だったら、飛ばないんですよ。足腰、体幹の強さ、その使い方のうまさがありました。今だったら、アメリカじゃ、ああいうタイプが主流ですよ。誰に教わったわけでもないと思うんです。でも、当時から、高校1年から、雄次には『こうだ』というのがありました。モノが違いました」

高校入学時で、体重80キロ。

握力も、両手ともに85キロあったという。

野球部の先輩たちから「じゃあ、潰せるだろ」と手渡されたリンゴを、その目の前で、根鈴は片手で握り潰してみせた。

「リンゴより、手は小さかったんです。だから、リンゴの中に指が入っちゃったんです」

指が簡単に皮を破り、瞬時に果肉に食い込んだという。

技術、センス、そしてパワー。

高卒で即プロに進んだ河野ですら脱帽したほど、根鈴の実力はずばぬけていた。だから鈴木も、間近に迫った夏の大会から、1年生の根鈴を「4番」に据える決断を下したのだ。

「度胸もよかった。風格も1年生という感じじゃなかった。物怖じしないですしね。だから、私からバッティングをああしろ、こうしろと言ったこともないんです。ホームラン打って、当たり前のような顔をしている。こいつはたいしたやつだと思いましたね」

多くの教え子をプロに送り出した〝目利き〟は、根鈴の秘めていた能力を、こう表現する。

「打球の角度が違うんですよ。打者ってのは、パッと見たら分かるんです。根鈴は『アーチスト』でした。打球は強烈でした」

愚問とは承知の上で、鈴木にこう尋ねてみた。

日大時代の教え子でもある「村田修一」と比較したら?

「もっと……になっていたかもしれませんね」

名門・巨人軍で第76代「4番」を張った、日本を代表するスラッガーを超えるような逸材だったというのだ。


一方の根鈴も、河野のバッティングに圧倒されていたという。

「最初に河野さんが打つのを見た時、俺も、この人くらいにならないと、プロには行けないんだろうなと思いました」

パワフルなスイング、そして飛距離。

根鈴にも、河野のすべてが規格外に映ったという。

「雄次が、そんなこと言ってくれていたんですか? それはうれしいなあ。初めて聞きましたよ」

その後輩の第一印象を、取材の中で私が伝えるまで知らなかったという河野だが、１年生に「４番」を追いやられて「スイッチが入った」と、穏やかではなかった当時の心中も明かしてくれた。

「それまででも、僕は練習をやっているとは思っていたんです。４番は、譲りたくなかった。だから、最後の夏に向けて、練習量は倍になりました。自分で、素振りの量も倍にしましたから」

高校最後の夏を前に、河野はスランプに陥っていた。

相手にしてみれば、プロにも注目されている河野のような目立った選手を抑えてやろうと、気合も入る。

だから、相手の攻め方が厳しくなる。内角をどんどん突かれる。

「プロはリーグ戦ですから、年に何回も対戦する。だから、きょうはこういう攻めなのかと分析するじゃないですか。でも、そういうところが、高校の頃は分からない。だから、自分との戦いになっちゃっていたところがあったんです」

スカウトの前で、いいところを見せたい。そのプレッシャーを自分自身にかけてしまう。

「プロ注目のスラッガー」という看板が重荷となり、あれこれ思い悩み、よけいに打てなくなる。

そこに、強力なライバル、しかも1年生が登場した。

3年生の意地、そして、同じバッターとしてのプライドもある。

1年生にあおられる3年生に、焦るなという方が無理だろう。

それでも、河野は日を追うごとに、根鈴の存在が心強く思えるようになってきたという。

理由は、実に明解だった。

「雄次が来て、甲子園が見えたんです」

根鈴が4番。自分が5番。

長打力のある「左」と「右」の打者が中軸に並ぶ。

東海大相模、桐蔭学園、横浜。

当時、県内のライバル校は、いずれも「打線」のチームだった。

「雄次がいたら甲子園に行ける。そんな空気になったんです。横浜に勝てるぞと。これなら、勝負できると」

なんで1年生が4番だ。俺じゃないのか。

ちっぽけなこだわりは、手が届きそうになった「大願」への強い思いが、あっさりと吹き飛ばしてくれた。

「予選を勝ち上がって、甲子園に行く。夢だったんです。だから吹っ切れました。相手との戦いに集中できたんです」

河野の心の中で、怪物の後輩が、憧れの聖地へと突き進んでいくための、心強い相棒へと変わり始めていた、まさにその頃――。

根鈴の心が〝限界〟に達しようとしていた。

根鈴の両親は、ともに教師だった。

家庭環境なのか、それとも遺伝なのだろうか。根鈴は、中学時代の成績も優秀で、学年トップの成績を誇っていた。

野球もできる、まさしく文武両道のアスリート。

絵に描いたような教育一家に、思いも寄らぬ〝異変〟が起こったのは、中２の時だった。

父が、友人の事業に「名義」を貸していた。

時はバブル期。融資のための連帯保証人として「教諭」というステータスは、何物にも代え難い信頼感があった。そこで新規事業を始める友人に、出資者の一人として協力したのだ。

しかし、それが悲劇を生んだ。

数千万円の借金を、かぶることになったのだ。

取り立ての電話が、両親の勤務先の学校にも入る。

根鈴の自宅前には、墓地があったという。学校から帰って、根鈴が自宅のカギを開けようとすると、墓石の裏に隠れていた借金取りが突如、走り出て来たこともあった。

電話が鳴ると、受話器の向こうから「いつ返してくれる?」。

野太い怒声に、根鈴は電話に出ることすら怖くなったという。

携帯電話も電子メールも、まだまだ普及していない時代。家族同士の電話連絡の際は、ワンコールで一度切り、すぐにかけ直すのが合図だった。

根鈴が一人で家にいる時にも借金取りが押しかけ、インターホンを何度も鳴らした。怖くて怖くて、雄次は部屋の奥に震えながら閉じこもった。

両親が出した結論は「離婚」。

そうしなければ、根鈴家が総崩れになる恐れがあった。

根鈴が日大藤沢高へ入学する直前のことだった。

借金禍に巻き込まれた頃の話だという。

「毎日、酒飲んで、夜、ぶっ倒れてるんです」

家に帰ってくる父は、決まって酔っていた。

現実から目を遠ざけたい。

その苦しい胸の内は、根鈴にも痛いほど分かる気がした。

返済に追い立てられた根鈴家の家計は、火の車だった。

「千円、貸してくれ。なかったら、学校にも行けん」

出勤前、母にそう頼んでいる父の姿をたびたび見たという。

「父の威厳もへったくれも、最後はなかったですね」

家族で食卓を囲んでいても、どこか重苦しい。口を開けば、どうしても、父への不満や責めの言葉が出てしまう。

「このままだと、借金が〝こっち〟にも来るから」

離婚せざるを得なくなった理由を、母から伝えられた。

さらに、高校入学直前のことだった。

「家、出るから」

母からそう告げられたのは、引っ越しのわずか2日前だった。

「借金取りに突き止められたら、困るからなんでしょうね」

今、冷静になれば、母の隠密行動の理由も分かる。引っ越し準備の動きを、周囲に察知されるわけにはいかなかったのだ。

だから、幼なじみたちに、転居を告げるひまさえなかった。

「夜逃げ同然でしたね」

横浜市田奈の一軒家から、まるで逃げるかのように引っ越したという。

冷蔵庫やタンスなどの家具類はもちろん、ミニカーやメンコ、そして、何よりも大事にしていた「プロ野球選手のカード」のコレクションといった〝宝物〟さえも持っていくことはできなかった。

「ホントに行くのか?」

玄関で、靴を履くその背後で、悲壮な表情の父が、呆然と立ち尽くしている。

そのシーンが、根鈴の心に鮮明に焼き付いているという。

「離婚には応じたけど、家を出て行くことまでは知らなかったみたいなんです。ビックリしていました」

父の視線を、その背中に感じていた。

「けっこう、きつかったです」

離婚、借金、そして、父を置いての転居。

非情にも映る母の決断。ただそれは、愛する子どもを〝守る〟という一心からだった。

2階建ての一軒家から、間取り3Kのマンション。手狭になったとはいえ、転居先から日大藤沢高までは電車1本、30分もあれば学校に到着できた。朝練に向かうにも、練習が終わった後も、通学の負担はずいぶん小さくなる。

教師の母は、転居することで勤務先が遠くなった。それでも、根鈴のことを考えて、新居を選んでくれた。

苦しい、限られた、厳しい環境の中でも、息子の野球への情熱をくんでくれた母の愛情が、ひしひしと伝わってきた。

それでも、根鈴の心は揺れていた。

「世の中のことを分かっているようで、分かっていない年齢じゃないですか。両親が離婚して、違う家に帰って、ハッピーじゃない状況ですよね。思春期で、家がおかしくなって、どうしても物事を悪い方に捉えるじゃないですか」

15歳の野球少年は、理解の範疇《はんちゅう》をはるかに超えた、何とも複雑な状況に置かれていた。

「高校野球」への疑問も、心の中で膨らむ一方だった。

授業後の全体練習は、日が暮れてからも続く。

「いわゆる『体育会系』でしたからね」

下級生には、雑用も多い。グラウンド整備、部室とトイレの掃除は当たり前。ウエートトレーニングなど、チーム全体の練習メニューとして組み込まれていないような時代だ。

そもそも、学校にウエートトレーニング用の設備すらない。

始発の電車で登校すると、早朝からグラウンドで走らされた。

朝ご飯すら、ゆっくりと食べる時間がない。タンパク質を摂取してトレーニングを重ね、筋肉を強く、太くしていくことができないのだ。筋肉の張りが、なくなっていく気がした。

「従来の練習だと、やせていったんです。パワーが減っていったんですよ」

しかも「練習中に水を飲んだらバテる」と言われた時代だ。それでも新入生の根鈴は、監督室に一人で乗り込み、直談判した。

「水を飲まないと危険です」「アミノ酸を摂取させて下さい」

今なら、常識ともいえる話だ。しかし、その当時は1年生がそういうことを言い、知識をひけらかすと「生意気」とレッテルを貼られるような風潮だった。

「私と、野球を見ているその〝観〟が違ったんでしょうね」

鈴木も、根鈴とのズレに気づいていた。

「根鈴に足りないのは足だと思っていました。守備のセンスもありましたからね。だから、フットワークをつければ、相当うまくなる。上級生になったら、投手でも使おうと思っていましたから」

下半身を鍛える。そのためには、まず走れ。

抜群の逸材を、真のスーパースターに育て上げる。鈴木にとっては、そのための長期計画でもあった。

根鈴は、その「ランニング」に意味を見いだせなかった。

「普通だったら、選手の方が折れるんだけどな」

鈴木の指摘は、もっともだろう。

それでも「なぜ走らん？」と怒鳴りつけたり、強制したりすることも決してなかった。

大きく育つための〝環境〟を、整えようとしていたのだ。

根鈴は、野球に対して頑固なところがあった。それは、高校生当時も、そして今も変わらない。よくいえばブレないのだ。

これは、俺の目指している野球じゃない。

ただ、その強い信念も、見方を変えれば、若さゆえの凝り固まった考えとも、いえなくはない。

家庭、野球、高校生活。

それぞれの〝もつれ〟は小さくても、それらがいっぺんに絡まると、簡単に解《ほど》けるはずだった結び目も、かちかちに固まってしまう。

根鈴が学校に、そして野球部の練習にも姿を見せなくなったのは、鮮烈な「本塁打デビュー」の翌日からだった。

3月に、父を置いて家を出た。

そこから不登校に至るまでの2カ月間を、根鈴は「とにかく、明るく振る舞っていました」と振り返る。

「めちゃめちゃ、気が張っていました。120％の状態だったんでしょうね。野球は順風満帆に来ていて、これを壊しちゃいけないと思ったんです。他のものは、すべてぶっ壊れているし……」

俺には、野球がある。

いや、俺には野球しかないんだ。

激変する環境。それが、大好きな野球を見つめる視線すら、完全に「逆」に変えてしまったのだ。

野球だけは、何としても、守らないといけない。

自分に、自分で、大きな「重圧」をかけていた。

練習の締めくくりに、全員で素振りを行う。

ある日、鈴木が突然、その最中に全選手を呼び寄せた。

「河野、振ってみろ」

１００人近い円陣の真ん中で、河野がフルスイングした。

風を切る「びゅん」という鋭い音に、根鈴は驚いた。

「お前も振ってみろ」

鈴木から、続いて指名を受けたのは、１年生の根鈴だった。

フルスイングが、周囲の空気を震わせた。河野の力強さにも、全くひけを取らない。

「これくらい、お前らも振らなきゃダメなんだ」

１年生のスイングを見せつけ、奮起を促したのだ。

こいつは、モノが違うわ。

１年生の４番候補。その実力を、誰もが認めざるを得なかった。

しかし、そこへ上ってしまった15歳は、落ちる怖さを同時に感じてしまった。

その感情が、一気に吹き出てきたのが「高校での初本塁打」を打った瞬間だったのだ。

「これで『いける』と思ったんです。すると、怖くなった。本塁打を打ったでしょ？　このテンションが、ずっと続くのかなと」

それは、あるのが当たり前だと思っていたものが、もろくも崩れていく様を、目の当たりにしてきたゆえの〝怯え〟だった。

「そういう心の動き、頑張ってきたものが、パキンと割れたような感じです。なまじ頑張って、2カ月、走れてしまったんです。確かに、練習自体もストレスでしたけど、野球に対しては僕も熱かった。『負けねえぞ』という思いでした。でも、体が疲れてきて、家でハッピーではない状態。知らぬ間に、人間ってすり減るんです。やってやるぞという思いが、切れちゃったんです」

鈴木は、私の取材を受けるまで、その当時の根鈴家が置かれていた借金や離婚の事情を、詳しくは知らなかったのだという。

15歳の根鈴には、そこまで事細かに伝えられなかったのだ。

「やっぱり、そうですか」

途端に顔が曇った。いろいろなシーンが脳裏をよぎったのだろう。

「そういえば、こんなこと、言っていた時がありましたね」

鈴木が明かしてくれたそのエピソードに、私も胸を締め付けられる思いがした。

冷蔵庫を開けたら、スポーツ飲料のボトルと、キャベツが一玉だけ、入っていた時があったという。

「他には?」

鈴木が、いぶかしげな表情で根鈴に尋ねた。

「いえ、何も入ってないです」

練習を終え、お腹をすかせた高校生が冷蔵庫を開ける。

薄暗いランプに照らされたその中は、ほぼ空っぽだったのだ。

「あらーっと思いましたね。これは、家庭の中が荒れている。そう思ったんですけど、僕にはほとんど何も言わなかった。一見、豪放磊落に見えますけど、神経は細やかですからね。ストレスをぶつける場所が、なかったんでしょう」


母は当時、中学校の教頭で多忙な日々を送っており、毎朝7時には、自宅を出ていたという。

「家を出るまで僕が粘れたら、学校に行かなくてもよくなるじゃないですか」

たまに、テーブルの上に、母からの「書き置き」が残されていた。

「そろそろ、学校に行ったら？」

それらを一切無視して、一人、部屋に閉じこもった。

「みんなが活動している時間は、寝ていたくなるんです。それって『回避』なんでしょうね」

朝、子供番組のテーマソングがテレビから流れた頃になって、カーテンを閉め切った部屋で、ベッドにもぐりこむ。

昼過ぎに起きると、近所のコンビニへそそくさと向かう。

食べ物を買うと、人目を避けるかのように慌てて家に戻る。

昼夜逆転の「ひどい生活でした」という。

毎日のように、朝になると体温が上がる息子の「体」を心配した母に連れられ、自宅近くの総合病院へ向かったのは、不登校が始まって、1週間がたったころだった。

「念のために、カウンセリングもやりましょうか」

診察した内科医が紹介してくれたのは、精神科の医師だった。

診断は「自律神経失調症」。

体の不調ではなく「心」の不調だった。


文科省が2018年（平成30年）10月25日に発表、ホームページ上でも公開している調査データがある。

「平成29年度　児童生徒の問題行動・不登校等生徒指導上の諸課題に関する調査結果について」

そのデータの中に、生徒たちが「不登校」に至った〝事由〟を分析、その人数を示した分類表がある。

ただ、その「表」が、何とも読みにくいのだ。少々くどくなることを承知の上で、ここに説明してみたい。

縦軸は「本人に係る要因（分類）」とある。


「学校における人間関係」に課題を抱えている。

「あそび・非行」の傾向がある。

「無気力」の傾向がある。

「不安」の傾向がある。

「その他」


この5つの中から「不登校」と回答した児童生徒全員につき、主たる要因を「1つ」選択することになっている。


横軸は「学校、家庭に係る要因（区分）」。

「学校に係る状況」として「いじめ」「学業の不振」「クラブ活動・部活動等への不適応」など8項目。

さらに「家庭に係る状況」として1項目。ここに含まれるものとして、注釈に「家庭の生活環境の急激な変化、親子関係をめぐる問題、家庭内の不和等」と記されている。

この「区分」に関しては、複数回答が可能となっている。

ところで、縦軸と横軸が交差するところに、それぞれ3つの「数字」が記されている。

上段は「人数」。

中段は「分類別児童生徒数に対する割合」。

下段は「学校、家庭に係る要因の『計』に対する割合」。

そのデータの読み取り方が、ちょっとばかり複雑なのだ。


まず縦軸の「本人に係る要因」から読んでみる（以下、数字はすべて高校生に関するもの）。

「無気力」の傾向があると分類されたのは「1万6155人」。

そのうち「クラブ活動・部活動等への不適応」が要因となって不登校になったのは「167人」「1・0％」。

続いて、横軸から読む。

「クラブ活動・部活動等への不適応」が要因となって不登校になった生徒「907人」のうち「無気力の傾向がある」生徒は「18・4％」となる。

横軸は「環境」、縦軸は「気質」と置き換えてみれば、データの中段と下段は、読み取れるだろう。

【中段】こういう「気質」の生徒が、こういう「環境」に置かれることで「不登校」になる。

【下段】こういう「環境」に置かれることで、こういう「気質」の生徒が「不登校」になる。

卵が先か、鶏が先かの「因果性のジレンマ」とでもいおうか。

しかし、一体、何がどう違うのだろうか。

そもそも「本人に係る要因」の５項目の中から、根鈴のケースにあてはめようとしてみたが、「無気力」といえばそうだろうし、「不安」ともいえるのではないか。便宜上とはいえ、１つに絞ろうとする時点で、もう混乱が生じてしまうのだ。

「不登校」を可視化することで、問題を周知させ、解決に動こうという、社会的な趨勢を踏まえて作られた調査データであることは間違いない。

そこにも、文科省の〝苦心ぶり〟がにじみ出ている。

皮肉な証拠が、データの中にも記されている。

横軸の「左記に該当なし」と、縦軸の「その他」。

「左記に該当なし」に区分されたのは１万３５３９人。その割合は「27・３％」。

「その他」に分類された９１１２人のうち「左記に該当なし」を選んだのは４３８６人。割合にすると「48・1%」。

不登校に陥った高校生のほぼ半数が、その理由や状況を明確に選べず、これとは決められないというわけだ。

こうだから、こうといった「因果関係」が見いだせないのだ。


学校の勉強が面白くないから、学校に行かないんでしょ?

いじめられているから、学校に行きたくないんでしょ?


周囲は、その原因を探ろうとする。そこを解決できれば、不登校の生徒も、学校に行けるようになる。そう考えてしまいがちだ。

しかし、そんな直線的な問題ではないようだ。

「不登校」という現象が生じた生徒たちの心には、きっと〝言い表せないような何か〟が、徐々に積み重なっていくのだ。

心にかかる負荷が、ほんの少しずつ、日々、重くなっていく。

それがある時、何らかのタイミングで耐えられなくなる。

It is the last straw that breaks the camel's back.

たくさんの荷物を背負った駱駝の背に、小さく、軽い、たった一本の藁が載せられた瞬間、駱駝の背中が折れてしまう――。

その「最後の藁」が、何だったのか。

根鈴の場合は「ホームランを打った瞬間」だったのだ。

「だから、周りから見てたら『忽然と消えた』という感じなんでしょうね」

周囲のほとんどは、根鈴の家庭環境や心境を知るよしもない。そうすると、表面的に〝起こった事象〟でしか判断できない。

高校初試合で4番デビューを果たし、高校初の「本塁打」を打った翌日から「不登校」になった。

表面化したその2つの現象を「原因」と「結果」として結びつけられる人など、いるはずもない。

「今と違って、1年生と3年生が、親しく会話するような感じじゃ、ないじゃないですか？　だから、ホントに分からなかった」

当時の河野も、根鈴が「不登校」になった「明確な理由」が、全く見えてこなかったというのも、当然のことだろう。

その「周囲の戸惑い」は、当の本人の「心の内」でもある。

「なんで行けなかったのか。口で説明するのが……。それは、何とも……。微妙ですね」

根鈴の「困惑の述懐」は、文科省の最新データも示唆する、問題の複雑さと根深さを物語っている。

そんな中で、根鈴の〝救い〟は、父の存在だった。

「僕は、父親のことが嫌いじゃなかったんです。野球のことは全く分からない父だったんですけど」

野球に取り組む息子のことを、いつも温かく見守ってくれた。

不登校時代の根鈴

不登校に陥ってからも、週に1、2度は〝父のいる家〟に足を運んだ。父と話をすることで、心のバランスを保つことができた。

不登校から、1カ月ほどたった頃だったという。

田奈駅で電車を降りて、そこから徒歩10分。

いつものように坂を上って、右に曲がる。そこから100メートルも歩けば、家がある。

……はずだった。

「漫画で、よくあるじゃないですか。物がなくなったところに、点、点、点ってなっているじゃないですか？　……、……、……って。まさにあれです」

そこにあるはずの「家」が、なくなっていた。

「忽然と……でしたね」

更地の前に、ただ立ちすくむしかなかった。

「こうだ、ああだと諭されるより、現実を突きつけられたのが一番の説得でした。『君、ゼロだよ』と」

何もかもが、消えてしまった。

父も恐らく、借金返済のために、家と土地を手放さざるを得なくなったのだろう。

だから、これも、仕方のないことなんだ。

そんな風に、心に折り合いをつけられるような状態ではなかったのが、根鈴の〝その時〟だった。

「あれが、一番どん底を感じましたね。親父を残して家を出て行ったこととか、学校に行けなくなったこととか、そういうところではまだ、一番底辺という感じがなかったんです。その前からショック、ショックと落ちていってるんだけど、あれは……」

更地の先に見える青空が、やたらとまぶしく見えた。

「思い出が、一切なくなりました」

父からは「ここにいるから」と1カ月後、手紙が届いた。

その喪失感を、どこかで埋めようとしたのかもしれない。


東京に出かけた時だった。

御茶ノ水のCDショップで、1枚のCDにふと、手が伸びた。

店を出ようとしたその時、店長に呼び止められた。

「お金はあったんです。それに、そこまで欲しいCDでもなかったんですけど……」

男性の店長は「万引き」を、警察に通報しなかった。

母親の勤務先に電話を入れ、迎えを待つ間、店長が根鈴にそれとなく、話しかけてくれた。

「人生って、太い川みたいなもんだ」

そう前置きしてのたとえ話。今でも、忘れないという。

「びゅっと、真っすぐ行くヤツもいるさ。でも、横に進んでしまって、はみ出て、ジグザグに行くやつだっているのさ」

泣きじゃくる根鈴の心に、なぜか、響くものがあった。

「ふっと、入って来たんです。だから、僕も話したんです。身の上話も、店長さんが聞いてくれたんです」

母が、勤務先の学校から駆けつけたのは午後３時頃だった。仕事も放り出して、傷ついた息子を迎えに来たのだろう。

その息子に対し、慰めの言葉も掛けなかった母は、逆に強く叱責することも、一切なかったという。

じっと、そばに寄り添ってくれていた。

家に帰る電車の中で、根鈴はずっと泣いていた。

「ちゃんとしなきゃ、いけねえな。そう思ったんです」

泣きながら、誓ったのだという。

「一番下じゃねえか。でも、もう、これ以上落ちやしねえ。上がっていくだけじゃねえか。その〝きっかけ〟にはなったのかな」

もがき苦しむ夏。

そんな中でも、根鈴の心から「野球」が消えることはなかった。

「やっぱり、気になりました」

１９８９年（平成元年）夏の神奈川県大会。

日大藤沢の試合が行われる日は、カーテンを引いたままの薄暗い部屋の中で、根鈴はじっとテレビの画面を見つめていた。


河野が1年生の6月に、鈴木は日大藤沢に赴任してきた。

だから、河野が3年生だった時点で、鈴木が本格的にスカウティングして獲得した選手は、2年生と、根鈴ら1年生だった。

「僕らは、監督には物足りない学年だったと思うんです」

河野も必死だった。主将も控え選手、ショートも1年生。3年生のレギュラーは、河野のセンターと、捕手、三塁だけだった。

夏の県大会の開幕が、日に日に近づいてくる。

俺が、頑張らなきゃいけない。

そう思う一方で、姿を見せない1年生が気になった。

しかし、ならば自分に一体、何ができるのか。

家に行って励ましてやるのか。その心の内を慮《おもんぱか》り、相談に乗ってやり、解決への指針を示してやるのか。

　それだけの心の余裕を持つ18歳など、なかなかいないだろう。

　現実の世界は、学園ドラマのワンシーンのように、涙が笑顔に変わるような、ハッピーな展開ばかりではない。

「3年生に、余裕がなかったんです」

　河野は〝あの時〟に、根鈴に手を差し伸べられなかった自分をいまだに、責めていた。

　風の噂で、根鈴の家庭が複雑な状態になっていると、耳にしたことがあったという。

　それが何を意味するのか。どんな影響を及ぼすのか。

　当時の河野に、それを察しろというのは酷だろう。

「帰って来てくれると思っていたんです。大会が近づけば帰ってくるだろうと。あれだけのパフォーマンスを見せて、成績も残して、レギュラーの座を確立していたんです。何か事情があって、来ないだけだろう。受け入れる準備というより、帰って来てくれるもんだと。必要な戦力、一緒に戦うメンバーでしたから」

　しかし、鈴木から何か説明があるわけでもない。

「なんで？　というのはありました。試合でもあれだけ打つ。練習じゃ、格が違った。だから、学校に来ないっていうのはよっぽどの事情なんだろうと。触れられない、大人の事情なのかと。

タブーじゃないけど、何かあるんだろうなと」

河野の心も揺れた。しかし、非情にも時は流れていく。

その夏、根鈴の名前はメンバー表に記されなかった。

その〝4番不在〟の日大藤沢が、快進撃を見せていた。


横浜スタジアムのレフトスタンド最上段。

炎天下の外野席に、根鈴は座っていた。

目の前で「NIHON」のロゴをつけた仲間たちが戦っていた。

日大藤沢高は、神奈川県大会の決勝に進出した。相手は横浜。

期待の1年生スラッガーはいない。鈴木の描いた青写真は、完全に崩れていた。それでも、頂点まであと一歩に迫ったのだ。

1回に4点を先制する絶好の試合展開となったが、6回を終えて6－6の同点。さすがは名門・横浜だ。その牙城を、当時は甲子園未経験だった日大藤沢が崩すのは、並大抵のことではない。

鈴木は、温めてきた秘策を次々と繰り出した。

「4番・センター」の河野がリリーフのマウンドに立ち、再びセンターの守備位置に戻る、そのポジション変更が３度もあった。

ヒット性の打球を外野へ運ばれないよう、内野手を５人並べ、外野手を２人にするという、大ばくちの守備シフトも繰り出した。

勝ってくれ、頑張ってくれ。

そう思いながら見つめるグラウンドが、やけに遠く見えた。

「ホントなら、ここに出ていたのかもな」

顔を左に向けると、電光掲示のスコアボードが見える。

そこに、自分の名前は記されていない。

心にぽっかり空いた穴に、夏の熱い風が何度も通り抜けた。

「悔しい思い、情けない思い、それと、うらやましさでした」

延長戦に突入した大激戦は、11回にサヨナラ負け。あと一歩のところで、初の甲子園出場を逃すことになった。

それでも、鈴木の手腕の巧みさ、河野を中心としたチームの力がうかがい知れる結果でもあった。

「あの時、根鈴がいたら、違っていたと思うんですよね」

もし……という思いは、鈴木の心から消えていない。

「雄次がいたら……。でも、それを言うとかわいそうですよね」

河野も、今でもその思いがぬぐえないという。

夏休みが明けた。

9月の新学期になっても、根鈴は学校に来ない。

「僕ら3年生のことがイヤなのかなと。だから、2年生主体になった時には、戻ってきてくれると思ったんです」

当時の河野が、そう〝誤解〟していたことを根鈴に伝えると「申し訳ないですよね」と表情を曇らせた。

「たまには顔を見せろ。俺は待ってるから」

鈴木は、根鈴の家に何度も電話を入れた。毎朝、校門に鈴木が立ち続けていたというのを、根鈴はその後、人づてに聞いたという。

「それでも、行けなかったんです」

日大藤沢は、翌1990年（平成2年）のセンバツで、見事に甲子園初出場を果たした。鈴木は、河野が抜け、根鈴もいないチームを、夢の大舞台へと導いたのだ。

「センバツは、根鈴がいたら、騒がれていましたよ。1年生、つまり、新2年生で4番ですからね」

一方で、仲間たちが晴れの舞台に立ったその春、根鈴は2年生に進級できなかった。

「出席日数が足りないから、進級できません」

自宅に担任が訪ねてきたのは、夏の戦いが終わり、新学期が始まった直後の9月だった。

「メンタルを整えて、もう一回、やり直しませんか？」

まずは、1年生をもう一度やり直す。そうやって1年間、学校生活を送った後で、2年生に進級できたら、野球も再開させる。

これを、鈴木とも〝約束〟した。

つまり、心身の態勢を立て直すための「半年間の猶予」を取ってみればどうかという、学校側からの温かい提案だった。

「普通に戻りたい。このままではダメだと。猶予をもらえたことで、リセットの時期が見えて、考え方が整理されたんです」

進むべき道に、やっと、光が差した。

「野球、やりたくないわけじゃなかったんです。だから、まずは外へ出ようと。来年の4月に合わせて。そこから、ポジティブになってきたんですかね」

生活のリズムを変えた。朝、きちんと起きて、トレーニングジムに通う。ルーティンを取り戻すことが大事だった。

そんな頃に、思いがけない〝出会い〟があった。


ジムの帰りに、近所のコンビニに立ち寄った時だった。

『気が軽くなる生き方』

文庫本に、手が伸びた。社会心理学者の加藤諦三の著書だった。

「ドンぴしゃ、でしたね」

まるで『自分』のことが書かれているような気がしたという。


この種の本でくりかえしいわれているように、登校拒否に陥る子どもはそれ以前はまじめで几帳面で先生や親のお気にいりである。成績も比較的良好である。いってみれば過剰適応なのである。過剰適応ということは別の表現をすれば、いやもっと正確な表現をすれば、自己疎外ということである。

人生はこうあるべきだと思うのは、単に他人が自分にそのような人生を送ることを期待しているからにすぎないのではなかろうか。

しかし他人がほんとうにそのように期待しているかというと、これまた必ずしもそうではない。他人がそのように期待していると自分が錯覚している場合が多い。

（すべて『気が軽くなる生き方』〈三笠書房〉から。一部抜粋）

気になるフレーズを見つけると、そのページの隅に折り目をつけていった。読み終えた時には、表紙の左隅が盛り上がり、本の形が少々、ゆがんでいたほどだった。

「親が頑張っているから、頑張らないといけないと思っていたんです。僕は、そこを責めてしまっていた。不登校になって、親を悲しませていると。でも、加藤さんの本を読んだら、そういうことじゃないんだと。似たようなことが、加藤さんのどの本にも書いてあるんですけど、まさに『今の自分』を合わせられたんです」

一つ一つのフレーズが、心にすっと染み渡った。

「監督や先生に言われていたら、反発していたと思うんです。でも、本って、自分の声で入ってくるじゃないですか。誰にでもなり得ることなんだと、客観的になれたんです」

加藤の言葉は、根鈴の心の回復に必要な〝栄養分〟になった。

1990年（平成2年）。

2度目の「1年生」となった根鈴は、野球への情熱を勉強に振り向け、すべての教科が5段階評価の「5」。学年トップに躍り出た。

「負けん気ですよね。野球部に行かねえなら勉強と思って」

野球部の練習を横目で見ながら、登下校する日々が続いた。

翌91年、本当なら3年生になる学年だから、同級生が上級生になる。それは覚悟の上で、いったんは野球部に戻った。

トレーニングジムに通い続け、体重85キロの引き締まった体も維持していた。自宅での素振りも再開、バッティングセンターにも通い、実戦勘も次第に取り戻しつつあった。

球拾いなど、部内の雑用を3週間こなした後、鈴木は打撃練習にいよいよ、根鈴を組み込むことにした。

ちょうど、その頃だったという。

「直接は聞いていないんです。監督が耳に入らないように、抑えてくれてはいたみたいですけど」

〝復帰〟する根鈴の実力は、誰もが分かっている。

「僕が戻ると、誰かがレギュラーを取られる可能性がある。微妙な感じになったんです。3年生は同級生、でも僕は下になる」

選手の保護者や関係者から〝不満の声〟が漏れてきたのだという。

１年以上も休んでいた選手を試合で使うのかと、鈴木のもとに直接の抗議もあったのだという。

「雰囲気で分かるじゃないですか」

周りの視線はどこか、全身に突き刺さるような感じがした。

「あいつ、ダブってるんだよ」

中傷する言葉も、どこからか聞こえてきた。

だから、成績がよくても「なんか、うれしくないんです」。

こんなはずじゃなかった。

自分の中の違和感が、どんどん大きくなっていった。

鈴木のように、アマ球界での存在感が大きい指揮官のもとで、３年間の高校野球生活を送る。

すると「鈴木さんの教え子」という〝肩書〟がつく。

それが、後の野球人生で大きくモノを言ってくる。

「鈴木さんから聞いてるよ」「鈴木さんには世話になったから」

進学先の大学で、社会人で、プロの世界で、鈴木門下生の先輩たちや、鈴木とつながりのある指導者たちが目をかけてくれる。

一方で、リタイアした人間は「ケツを割った」と言われる。

コミュニティーから脱落した事実は、野球界で生きていくためのキャリアに、マイナスにしか働かない。

「名門校」という電車から途中下車すると、再び、本線に乗り直すことが、途端に難しくなるのだ。

野球界というのは、日本社会の縮図でもある。

だから、鈴木は「高校だけは出ろ」と根鈴を説得した。

「高卒なら、社会人野球に行けますからね」

鈴木の持つコネを生かし「こいつ、頼みます」という口添えがあれば、社会人側は大歓迎で根鈴を受け入れてくれる。

根鈴の潜在能力が開花すれば、野球界で十分にやれる。社会人での活躍はおろか、プロへ行くことも決して夢ではない。

それが、鈴木が描いてくれた〝復活への青写真〟だった。

「高校は勉強だけでもいい。大学でやる手もあるぞ」

周囲からの突き上げに困惑した鈴木からは、大学の付属校という利点を生かすという、別の提案もあったという。

「お前は、頑張ればプロになれる素材だ」

鈴木の言葉は、根鈴にとっても心の支えだった。

その恩師が敷いてくれようとしたレールにそのまま乗っかることに、根鈴は疑問を感じ始めていた。

「あの〝更地の頃〟なら、もう一回、つぶされていましたね」

不登校、引きこもり、実家の消滅。

その頃の〝どん底の精神状態〟なら、周囲からの雑音で再び、心が折れていたかもしれない。

「どうやったら、野球をやれるのかな。そう考えるようになっていたんです。高校の残り2年、野球ができないのも地獄。いい環境じゃなかった。僕は『自分らしく』と思ったんです」

周囲の期待に合わせる。それが、得策なのは分かる。

しかし、それは「自分」ではない。

心に思い描き始めていた新たな舞台は「アメリカ」だった。

「人生、リセットしたかったんです。ゼロからやりたかったんです。僕を、誰も知らないところで野球をやりたかった。知らないところへポンと行っても、同じ年代なら、野球ならば勝負ができるだろうと」

マーク・マグワイア。ホセ・カンセコ。

分厚い胸板と丸太のような腕で、バットを振り回す豪快な姿。

その時、根鈴の心に浮かんでいた理想像は、メジャーを代表する2人のホームランバッターだった。

しかし、野茂英雄が近鉄を退団してメジャーに行くのは、1995年(平成7年)のことだ。

その当時、野球をするために、アメリカに行く高校生など、存在すら想定されていなかったといっても、決して大げさな表現でもない。

しかも、何のアテも、コネもないのだ。

ただ、アメリカに行けば、俺のやりたい野球があるはずだ。

そう考えた根鈴は、自ら行動を起こした。

「野球が強い学校はないですか?」

海外留学を斡旋してくれる会社に問い合わせ、紹介されたのはサンディエゴにある「サンマルコス・ハイスクール」だった。

「再出発をしたいという思いがあったんです。留学して、卒業をして、きちんとやり遂げて、その『先』を見ていました」

アメリカに留学して、野球をやる。

その決意を聞いた母は、何も言わずに貯金を切り崩し、渡航費と入学金を、根鈴に手渡してくれた。

アメリカへの旅立ちの日。母と

１９９１年（平成３年）夏。

イチローは、名門・愛工大名電高のエースとして、愛知県大会のマウンドに立っていた。

打っても、８試合で28打数18安打、打率・６４３、本塁打３本、17打点、13盗塁。

驚異的な数字をたたき出していた「二刀流・鈴木一朗」が率いる愛工大名電高は、県大会決勝で０－７で東邦に敗戦。イチローの高校最後の夏は、甲子園の一歩手前で終わることになった。

それでも、プロのスカウトの評価は高かった。打ってよし、走ってよし、そして、投手ゆえに肩もある。

打者として「１位指名」の噂もささやかれた逸材は、11月22日のＮＰＢドラフト会議でオリックスから4位指名を受け、プロ入りが決まった。

未来への展望が、大きく開けようとしていたその同級生とはあまりにも対照的な、根鈴の〝夏の終わり〟だった。

「日本の中で、一度ずれた。楽しくねえ。不登校で出遅れてしまって『アメリカに行かせてくれ』『向こうで野球がやりたい』っていうのは卑怯なんだけど、すねをかじらせてもらおうと……。あの状況では、母親も『ノー』と言えなかったでしょうからね」

根鈴は、日大藤沢高を休学して渡米、その翌年には中退した。


あいつを、何とかしてやりたかった。

その後悔の念は、鈴木の心から、一生消えることはない。

「3年間、あいつと一緒にやっていたら、人生が変わっていたと思うんです。僕が折れて、折れて、折れて、彼を高校野球に戻そうと試みたんです。でも、うまくいかなかった。ホントに惜しい」

その恩師が何度も差し伸べてくれた手を、根鈴は振り払った。

「今思えば、ホントに甘ちゃんですよね。あれだけ自分のことを考えてくれた監督さんだったのに……。本当に申し訳ないです」

４打数２安打１本塁打。公式戦出場なし。
何の爪痕も残せないまま、根鈴の高校野球生活は幕を閉じた。
もう一度、全力で、野球をやりたい——。
その思いを胸に抱き、たった一人で、米国へ旅立った。

第2章　週刊誌の記事

1992年（平成4年）夏。

渡米して1年が過ぎ、米国での生活にも慣れてきた頃だった。

根鈴は、仲良くなった日本人の留学生仲間と一緒に「リトルトーキョー」を訪れていた。

ロサンゼルスのダウンタウンにある、米国最大ともいわれる「日本人街」には、多くの日系人らが経営する店舗が軒を連ねる。

そのエリアでは、日本食をはじめ、日本の電化製品や日用品、食材などを、日本にいる時と同じように手に入れることができる。

海外に来ているのに、ラーメンが食べたくなる。「ｔｅｒｉｙａｋｉ」と書かれた定食を、つい注文してしまう。

日本語だって、自然に聞こえてくる。

ガソリン代を節約するため、1台の車に乗り合いでやって来た根鈴たちは、それぞれが自分の買い物や用事を済ませるため、リトルトーキョー内ではバラバラに行動することになった。

「じゃあ、また後で」

そう言って別れた18歳の根鈴だったが、その時、特にやりたいことも、買いたい物も、あるわけではなかった。

なぜかしら、もやもやしていた。

ロスの澄み切った青い空とは対照的に、自分の心に、薄い膜がかかっているような気がしていた。

人生をリセットする。新たなキャリアをここで築く。

そのために選んだはずの新天地で、またもや『壁』にぶち当たっていたのだ。


米国生活が3カ月ほどを過ぎた1991年（平成3年）冬。

当時、根鈴が住んでいたサンディエゴに、メジャーのスカウトがやって来るという情報を耳にした。

聞けば、スカウトたちが米国中を巡回し、各地の逸材をチェックしていくシステムなのだという。

「受けてみたら？」

周囲からの勧めもあり、根鈴も参加することになった。

鋭いバッティングの日本人は、すぐに頭角を現した。

しかし、スカウトたちから投げ掛けられた質問に、根鈴はただ絶句するしかなかった。

「君はこれまで、どこで野球をやってきたんだ？」

「これから君を追いかけていきたい。情報をくれないか。君はこの後、どこの学校で野球をやるんだい?」

何一つ、答えられなかった。

自分の前途が、また描けなくなってしまった。

実力さえあれば、野球はどこでもできる。

それは、ある面では真実だ。

しかし、ただ野球がうまいから、実力があるからといって、そのまま、プロのステージへと進めるというものでもないのだ。

積み上げてきたキャリアや、生まれ育ってきた環境。

それらを示す「学歴」や「職歴」は、その人物を示す、ほんの一部分に過ぎない。だが、そこからうかがい知れる背景や人脈が、その人を判断するための重要な要素になってくる。

それが「人」を語り、その人の「信用」を生む。

その人の土台を形作っているものを判断し、未来図を予測していく。それが「人物評価」であり「スカウティング」の根幹だ。

根鈴には、その判断基準になる〝材料〟が、日本で一切積み上げられていなかった。

「根鈴雄次」という男が歩んできた「略歴」も書けない。

それでは、ただ野球のうまい日本人が、たまたまアメリカにいるだけのことになってしまうのだ。

日本で躓いた。だから、アメリカでやり直そう。

ところが、日本でのキャリアがなかったことで、再スタートを切るためのスターティング・ブロックを、そのスタートラインに置くことすら、できなかったのだ。

「そこで、頭を打っちゃったんです。どこかに所属しないといけないんだ……って」

社会の現実に、初めて気づかされた。

「スネをかじらせてもらっていましたから……」

母からは、月20万円の仕送りを受けていた。

やりたいことを、やらせてもらえるだけの環境を整えてもらっていたのに、俺は今、一体、何をしているんだろう。

すっきりしない心を抱えたまま、リトルトーキョーで立ち寄ったのは「紀伊國屋書店」だった。

日本語の本や雑誌が、ずらりとそろっている。

その中から、何気なく手に取ったのは、日本人の女性アイドルらのカラーグラビアが売り物の男性週刊誌だった。

「大越基《おおこしもとい》」

記憶にはない日本人の名前に、ふと目がとまった。

1989年（平成元年）夏。

仙台育英のエース・大越基が、甲子園を席巻していた。

福島県の南端、栃木県の県境に位置する「白河関《しらかわのせき》」は、東北地方の入り口とも言われている。

深紅の大優勝旗が、その「白河関」を越えるかもしれない。

古めかしい言い回しは、東北勢初の全国制覇への期待だった。

大越の4連投で迎えた決勝戦は、帝京・吉岡雄二（元・巨人〜近鉄〜東北楽天、現・日本ハム2軍打撃コーチ）との息詰まる投手戦になった。0－0のまま迎えた延長10回、2点を奪われ、最後の最後に力尽きての準優勝に終わった。

その後、2004年（平成16年）、2005年（同17年）に北海道の駒大苫小牧が、夏の甲子園を連覇。「白河関」を通り越えて一気に「津軽海峡越え」を果たしている。

ただ、2018年（平成30年）に春90回、夏100回を迎えた甲子園の歴史の中で「白河関」を〝陸路〟で優勝旗が越えたことは、いまだにないのだ。

手の届かない悲願。

しかし、その目前にまで迫った剛腕・大越は間違いなく、その夏の、そして高校野球界のヒーローだった。

東京六大学の名門・早稲田大学に進学すると、１年生ながら１９９０年（平成２年）春のリーグ戦から神宮のマウンドに立ち、優勝を決める試合でも救援、胴上げ投手の栄誉にも輝いた。

ただ大越には、長き伝統を誇る〝老舗野球部〟の体質が、うまく合わなかったのかもしれない。その年の11月に野球部を退部、１９９２年（平成４年）には、早大も中退した。

甲子園準V、そして東京六大学。

その「野球界の王道」を自らの意志で離れた大越が、野球を再び始めるために選んだ地が、米国だった。

１９９２年（平成４年）６月、サリナス・スパーズへ入団。

カリフォルニア・リーグに所属するクラスＡ（１Ａ）の球団だ。

メジャー球団は、その傘下に３Ａ、２Ａ、１Ａ、ルーキーと、ピラミッド型の階層に分かれる育成組織を抱えている。

その傘下に属していない組織は「independent」と呼ばれ、当時のサリナスは、特定球団の傘下ではなかった。

1Aクラスの球団には、10代後半から20代前半の「プロスペクト」と呼ばれる有望選手が多い。大越も、サリナスでプレーしている間に、メジャーからの誘いも受けたという。ブランクはあっても、甲子園準優勝投手という実績と実力は、段違いなのだ。

その年、ダイエーホークス（現・福岡ソフトバンクホークス）からドラフト1位指名を受け入団。プロ入り後は外野手に転向し、貴重な1軍戦力として活躍。実働7シーズンで365試合に出場、通算打率・237、1本塁打、24打点を記録している。

現役引退後、山口県の東亜大に編入して教員免許を取得。早鞆《はやとも》高の保健体育の教員となると、2009年（平成21年）9月から野球部監督に就任。2012年（平成24年）のセンバツでは、監督として、甲子園の土を踏んでいる。

甲子園、神宮、米国、プロ、そして、指導者として甲子園へ。

野球界の本流から一度は外れながら、再び戻ってきた。

大越の持てる力が、それだけ高いという証明でもある。

根鈴がロスの紀伊國屋書店で手にしたのは、サリナスで大越が武者修行をしているという、その克明なレポートだった。

日本の大学を退学した選手が〝同時期〟にアメリカにいる。

野球界のメーンストリームからそれた名門校のエースが、再び這い上がろうとしている。

根鈴は、そのストーリーに、自分自身を投影していた。


監督を務めていたのは、元・巨人の投手・古賀英彦だった。

「ハイディ」と呼ばれ、マイナーリーグでプレーした経験もある。英語も堪能で、ダイエー球団では通訳や外国人獲得を担当する編成部員としても活躍。王貞治（現・福岡ソフトバンク球団会長）が1軍監督だった１９９６年（平成８年）からの５年間、２軍監督や１軍ヘッドコーチを歴任している。


さらにサリナスは、野球留学の形で派遣されていたダイエーやヤクルトスワローズの選手たちを受け入れていた。１９９１年（平成３年）には、根鈴の日大藤沢高時代の２年先輩にあたり、ヤクルトに入団していた河野亮も、ここでプレーをしている。

後にシアトル・マリナーズに入団して、メジャーで活躍するマック鈴木も当時、サリナスの練習生だった。球団やクラブハウスの雑務をこなしながら、その実力を磨いていたのだ。

球団オーナーも日本人だった。

オーナーの団野村は、後に野茂英雄や伊良部秀輝が日本からメジャーへ移籍する際、エージエント（代理人）として、球団側との話し合いの場に立ち会い、交渉の戦略を練り、２人のメジャー入りという大きな夢を実現させた。

その敏腕代理人として名をはせることになる団が当時、オーナーとして、サリナスの球団経営に携わっていたのだ。


大越が、甲子園の主役となった夏。

その時、根鈴は「不登校」に陥っていた。

「あの時の甲子園、全く見ていないんです。だから、大越さんの名前も、全く知らなかったんです」

それでも、大越の〝復活物語〟は、根鈴の心をわしづかみにした。

週刊誌を購入すると、帰りの車の中で、そして帰宅後も、何度も何度も、繰り返して読んだ。

日本人のオーナーがいて、日本人が野球をやっているアメリカのチームがある。

俺、ここでやれるんじゃないのか――。

もちろん、その人を知っているわけがない。コネもない。連絡をつける手段も全く分からない。

しかし、俺は絶対に、ここに書かれている「団野村」という人物に、会わないといけない。

そうすれば、何かがきっと変わるはずだ。

レポートを読み進めながら、心になぜかしら、確信めいたものすら、生まれてきた。

「メンタル、戻り始めていたころだったんです」

不登校、引きこもり、留年。

日本でうちひしがれていた高校生では、もうなかった。

思い立てば、即行動する。

それは、バイタリティーあふれる、今の根鈴雄次そのものだった。

学生ビザの更新時期も、ちょうど近づいていた。

「よし、一回日本に帰ろう」

何とかして、団野村さんに会うんだ。

頼れる人が、一人だけいた。

「監督、相談があります」「おう、待ってるぞ」

アメリカからの国際電話を受けた日大藤沢高時代の恩師・鈴木博識は、受話器の向こうから感じた、根鈴の声にみなぎる力強さがうれしかったという。

「あれがなかったら、根鈴とは今、こうやってつきあっていないと思うんですよね」

鈴木はいう。それも当然の思いだろう。

自らが誘い、推薦枠で入れた選手が、高校を中退した。

根鈴の行動は、いわば鈴木の顔に泥を塗った形になる。

しかも、助言も無視する形でアメリカへ渡った。関係がこじれてもおかしくない。むしろそこが縁の切れ目になる。

鈴木のようにアマ球界に広いネットワークを持つ大物とたもとを分かつことで、鈴木と縁の深い人々との関係も、一気に悪くなってしまうのだ。そうなると、根鈴のような立場の人間は、途端に野球界で生きづらくなってしまう。

ただ、それは野球界だけの話にとどまるものではなく、社会一般にも、つながることでもあるだろう。

根鈴も、そうした実社会の〝機微〟は感じている。

それでも、自分の信じる道、思うところを突き進んでいきたいという、その衝動と情熱に駆り立てられてしまうと、もう、じっとしていられないのだ。

「自分は、人に合わせるってことがないですよね。それができるのなら、鈴木さんに盾突いて、高校を辞めたりしないですよ。そこは、そもそも論のところです。でも、悪気もないし、鈴木さんが嫌いだから、辞めたというのじゃないんです。野球が好きで、だからこっち（退学）を選んだというところもある。だから、いきなり鈴木さんに会いに行って『なんだ？』と言われても、臆せず行けたりするところが、自分にはありますよね」

悪くいえば、空気を全く読まない。自己中心的な行動そのものでもある。

それでも、鈴木の懐は深かった。

「あの選手、辞めちゃったの？」「もったいないよね」

鈴木も、周囲から根鈴のことをたびたび聞かれ、気にかかる存在でもあった。何より、その素質の高さは、あまりにも惜しかった。

「明るい根鈴雄次に戻っていましたね」

帰国した根鈴が鈴木に話したのは、アメリカでの生活と、ロスの紀伊國屋書店で見つけた週刊誌の「サリナス」の記事のことだった。

「よし、何とかしてやるぞ」

鈴木の広いコネクションが、即座に稼働していた。

鈴木の懇意にしているシニアリーグのあるチームの監督が、団野村の実母である野村沙知代と、親しくしていたという。

南海（現・ソフトバンク）、ヤクルト、阪神、東北楽天の４球団で監督を務め、データ重視の「ＩＤ野球」で3度の日本一に導いた名監督として、また27年間の現役生活で、歴代2位となる通算３０１７試合出場、戦後初の三冠王に輝いた強打の名捕手としても一時代を築いた野村克也を夫に持ち、歯に衣着せぬ毒舌でも一世を風靡した「サッチー」こと野村沙知代は、東京で「港東ムース」というチームを持っていた。

有望な中学生を集める強豪チームで、多くの選手たちが、ここから有名校、そしてプロへと巣立っている。根鈴が法大入学後に出会う佐藤隆彦（元・西武のＧ．Ｇ．佐藤）も「港東ムース」の出身だった。

見えない運命の糸は、こういうところでもつながっている。

「こういう若者が行くから、話を聞いてやって下さい」

鈴木からのメッセージが、知人を介して野村サイドに届けられた。

１９９２年（平成4年）の厳しい残暑の中、港東ムースが練習している東京都内のグラウンドへ、根鈴は向かった。

しかし、迎えてくれるはずの野村沙知代はいなかった。

「君、誰だい？」

不思議そうに根鈴を見つめる、すらりとした男性。

それが、根鈴の探していた〝その人〟だった。

「野村沙知代さんに、アポイントを取ってここへ来ました」

「そんなの、聞いてないよ」

そう答えた団から、根鈴は視線を外そうとしなかった。

「サリナスに入れませんか」

ぶしつけ過ぎる懇願に、団は驚いた。

根鈴は、自らの経歴を語り始めた。

不登校、引きこもり、高校中退、単身渡米。何のコネもない。でも、野球をもう一度やりたい。アメリカで、何としても野球をやりたい。

気持ちは、痛いほど分かった。

ただ、団にとっても、球団経営はビジネスだ。私情にほだされて選手を入れるのなら、ただの同好会チームになってしまう。

「社会人でもやってなくて、プロにもなってないんだろ？　それでは、ちょっと無理だよ」

団が諭したのには、理由があった。

鋭い眼光。太い腕、日焼けした顔。迫力十分の外見から、団は根鈴のことを「25歳くらい」だと思っていたのだ。

日本でのキャリアも、全くないに等しい。

現実に目を向けろ。アメリカなんて、甘くないよ。言外に、そうメッセージを織り込んだつもりだった。

ところが、話を聞いていると、何かが違うようだ。

「君、いくつなんだ？」

「19歳です」

「それは、話が違うぞ。よし、分かった」


若き野球人が、大いなる夢を持って、目の前に立っていた。

団自身も、野球界の壁に何度も打ちのめされてきた。

米国人の父と、日本人の母・沙知代との間に生まれた団は、幼少期に米国で生活した経験があり、日本でもインターナショナルスクールで教育を受けてきた。

1977年（昭和52年）に、ドラフト外でヤクルトに入団した時の名前は「伊東克明」だった。母が南海の名選手・野村克也と再婚したことで、団も後に「野村」の姓を名乗ることになる。

4年間での現役生活で、1軍に一度も昇格できないまま現役を引退。その後、米国で不動産業に携わり、そこで得た資金を手にサリナス・スパーズの経営に乗り出していたのだ。

後に団は「代理人」として、野茂英雄を近鉄バファローズからロサンゼルス・ドジャースへ移籍させることに成功する。

１９９４年（平成６年）冬。

野茂は、近鉄球団との契約更改交渉の席上、メジャーへの移籍を希望した。交渉がこじれた近鉄は、球団の許可なく他球団へ移籍できない「任意引退」を野茂に告げた。

ところが、その「任意引退」のルールが効力を示すのは、日本国内だけのことだった。日本の任意引退選手は、米国では〃フリー扱い〃になるという、日米間の覚え書きも存在していた。

野茂はメジャー球団と自由に交渉、入団も可能になる。

ルールの盲点を指摘した上で、一連の解釈を主張したのは、野茂の「代理人」を務めていた団だった。

近鉄も、ＮＰＢも、反論の余地はなかった。

当時、日本では「代理人」の存在どころか、契約更改交渉に選手本人以外の人間を同席させることすら認められていなかった。

「野茂はだまされている」「代理人に食い物にされている」

団は、野球界のみならず、世間からの大バッシングを受けた。

それでも、クライアントの「夢」を実現させるために、とことんまで知恵を絞り、ルールを精査し、日本球界に風穴を開けた。

選手の権利を守る。今では、スポーツ選手のマネジメント面に関わる「代理人」は、当たり前の存在にすらなっている。

メジャーで、野球をやる。

野茂と団が、強い意志を持って切り開いたその道を、その後、多くの日本人プレーヤーたちが歩んでいった。

しかし、野茂がロサンゼルス・ドジャースに入団したのは、1995年（平成7年）のことだ。

根鈴が、団に〝直談判〟をしたのは、その3年も前だった。

日本人がアメリカで野球をやるということなど、想像もつかない時代でもあった。

しかし、目の前にいる19歳の若者は「アメリカで野球をやりたい」と、初対面の自分に、頭を下げて頼んできたのだ。

団は、根鈴のことを放ってはおけなかった。

ロスにある自分の事務所の連絡先を、団は教えた。

「アメリカに戻ったら、まずここに来なさい」

日大藤沢高を中退して、米国にやって来た。

誰も自分のことを知らない、何のしがらみもない場所。だから再出発できる。根鈴は、ごくごく単純に、そう思っていた。

「大学とか、行けると思ったんです。でも、アメリカでも『高校中退』が、ネックになったんです。ドロップアウトしたら、アメリカでもダメなのか……と。頭打ちになっていたんです」

人生を変える。そのために選んだ場所のはずが、根鈴は渡米直後から、躓きの連続だった。

1991年（平成3年）9月。

ホストファミリーの女性に、母親代わりとして付き添ってもらう形で、サンマルコス・ハイスクールへ入学手続きに出向いた。

日本から持参した書類を受け取った校長が、途端にいぶかしげな表情に変わった。

「君、18歳を超えているじゃないか？」

8月9日生まれの根鈴は、入学制限の年齢を超えていた。

留学を斡旋する会社の不手際で、高校に入学できなかったのだ。

ただ、内心では「よっしゃと思った」と根鈴はいう。

「これで、学校に行かなくていい。とにかく野球をやりたかったですからね。すごい展開になってきたぞと」

留学斡旋の会社に連絡して交渉し、渡航費以外の約200万円を取り戻した。続いて日系人の家庭教師を見つけてくると、マンツーマンで、毎日英語を勉強することにした。

「野球をやりたいんです。そのために米国に来たんです」

そう懇願した根鈴に、その女性教師が紹介してくれたのは、なぜか、近所のソフトボールチームだった。

「日本でいえば、軟式の草野球みたいなイメージでしたね」

本格的な野球にはほど遠い。それでも、グラウンドで白球を追えることが、何よりも楽しかった。

「ユウジは、ソフトボールレベルの選手じゃないな」

仲間たちから、近所のバッティングセンターを紹介された。

英語の先生（右）

バスで片道2時間。毎日のように通った。

革の「バットケース」にバットを入れて、肩から下げる。その姿が、とんでもない誤解を招いたことがあった。

「あれ、ライフルを下げているように見えるでしょ？」

バッティングセンターの近所である日、強盗が発生した。犯人の特徴の一つは「アジア系の人間」だったという。

バスを降りて、道路の向こうにあるバッティングセンターへ小走りに向かう根鈴に「ＳＴＯＰ！」。

警官が、根鈴に拳銃を向けながら近づいてきた。

「その壁に手をついて、動くな」

その間、別の警官が、強盗の被害にあった家人を連れてきた。

「こいつじゃねえよ」

〝面通し〟の上で、根鈴は解放された。

「ホント、サバイバルですよ。これだけの体験をして、帰国する頃には、何だって耐えられる……って思えましたよ」

心と体は、日々、ぐんぐんと〝復活ロード〟を歩んでいた。

そのバッティングセンターでは、10ドルを出すと、硬式球を１時間、打ちっ放しにできる。

「日本から野球をしに来たのか？　面白いやつだな」

バッティングセンターを経営する中年の男性が、快音を連発する根鈴に、強い興味を持ってくれた。

バッティングセンターの経営者・レニー

熱心に通い続けるうちに、利用料は半額となり、いつしか「ユウジ、もう、タダでいいよ」。思う存分、バットを振り続けることができた。

「お前のバッティングは、かなりいいぞ」

絶賛してくれたバッティングセンターの経営者で、レニーと名乗る男性が、元メジャーリーガーだったことを根鈴が知るのは、後々のことだ。

そのうち、レニーと並んで、もう一人、別の男性がたびたび出現するようになる。

「ウチの練習に、すぐに参加しろ」

根鈴にそう告げた「もう一人の男」は、地元・サンディエゴのパロマ・カレッジの野球部監督だった。

早速、大学の練習に参加することになった。

「金属バットを持って、パッキンパッキン打ちました」

パワフルな打撃を見せる根鈴に、即座に合格が出た。ところが入学手続きに乗り出した途端、話は頓挫した。

日本の高校を出ていない。単位証明もない。英語能力を測るための基準となるＴＯＥＦＬも受けておらず、そのスコアすらない。

それではいくら野球がうまくても、大学に入学できないのだ。

人生をやり直すために、ここに来たはずだった。

しかし、やり直すための〝最低の条件〟も必要なのだ。

なぜ、ここにいるのか。どうして、ここへ来たのか。

それを説明するための経歴も、データも、何もなかった。

俺は、甘かった……。

リトルトーキョーで、日本の週刊誌の記事を目にしたのは、絶望感で、気持ちが押しつぶされそうになっていた時だった。

小さな、わずかな手がかりをもとに、自ら行動を起こした。

頭を下げる。頼るべきところは頼る。それが、自分のためになる。

当たり前のことに気づいた時、運命の扉が開いた。

団は「スカウティング・リーグ」という、メジャーの育成システムを、丁寧に説明してくれた。

中古車を物色中

メジャー球団が目星をつけた有望な高校生や大学生が集められた上で、混成チームを組み、リーグ戦を行う。実戦の中で、スカウトたちは、逸材を見いだしていくのだ。

1990年代は、今の時代のように、インターネットも普及していない。だから、球団のホームページを見て、メールを送り、それで参加登録が完了するというわけではない。

自分で球団に電話をして、参加条件を聞き、集合場所を確認する。

運転免許も、アメリカで取得した。

サンディエゴから、同じカリフォルニア州のパームスプリングスにある練習グラウンドまでは、およそ200マイル（320キロ）。

購入した中古車に野球道具を積み込み、ハイウエーをひた走ることおよそ4時間。ナビゲーションシステムなんて、まだない時代だ。

慣れない道は、地図を確認しながら走り、お腹がすいたらドライブインに立ち寄り、ハンバーガーを食べ、コーラを飲んだ。

たった一人。自分が、何者であるのか。周りも、誰も知らない。

その道が、確実に将来につながっているのかも分からない。

それでも、野球ができる喜びには代え難かった。

孤独なんかじゃない。俺には、野球がある――。

日大藤沢のユニホームでグラウンドに立つ

根鈴は、トロント・ブルージェイズのチームに組み入れられた。

「高校では、着られなかったので」

胸に「ＮＩＨＯＮ」のロゴが縫い付けられた日大藤沢のユニホームを、根鈴は米国に持参していた。人生をやり直すためのモチベーションをかき立て、保つための〝心の支え〟でもあった。

そのユニホームに身を包み、根鈴はグラウンドに立った。

２０００年（平成12年）、サンフランシスコ・ジャイアンツの二塁手としてナ・リーグのＭＶＰに輝いたスーパースター、ジェフ・ケントも当時、根鈴と一緒にこのリーグでプレーした。

ケントは根鈴より5歳年上だった。自分とほぼ同世代で、メジャーでプレーするプレーヤーがどれくらいのレベルにあるのかを、実際に確かめることもできた。

試合後、次の開催予定と場所を記した書類が渡されるのは、次回参加が認められた選手だけだ。力がないと判断されれば、その瞬間にチャレンジは終わってしまう。

育成段階でさえも、厳しいサバイバルの世界なのだ。

「君には、能力がある。もう少し技術を磨けば、メジャーでもやるチャンスは、きっとあるぞ」

ブルージェイズのある老スカウトが、根鈴に目をかけてくれた。

「メジャー」が、明確な目標になった。

その夢を実現させるためには、何をすべきなのか。

ゴールから逆算していけば、それは明確に見えてくる。自分自身の野球のキャリアを「再構築」する必要があった。

「その頃のメンタルは、最強だったかもしれません。ケントがメジャーなら、俺はそこまで離れていないなと、勝手にそう思ったんです。ま、勘違いでしかないわけですけど、どこかでびくびくしていても、ダメですからね」

俺は、やれる——。

そのちょっとした過信こそが、行動を起こす推進力にもなる。

「じゃ、日本で出直そうと。サバイバルな2年間だったし、もう、たいがいなことがあっても、日本でやれると」

日本に戻って、もう一回、野球をやる。

そうすれば、プロの目にだって、とまるかもしれない。企業チームに入り、社会人で野球がやれるかもしれない。

「鈴木さんがいなければ、団さんにも会っていないですし、団さんに会っていなかったら、ブルージェイズのスカウティング・チームにだって入っていない。そう考えたら、人との出会いって、奇跡ですよね」

ただ、そうした『縁』を引き込めるのは、夢や目標を現実のものに変えようとする、意志と執念の強さがあるからだろう。

英語力も、格段にアップしていた。

渡米直後、困った時には、留学生仲間に頼んで、自分の意思を相手に伝えてもらっていた。それを聞き逃さず、必死になって覚え込んだフレーズを、次の会話でそれっぽく使ってみる。

そうやって実戦経験を積んできたブロークンの英語も、いつの間にか、生活でも、野球でも、全く支障がなくなっていた。

「すごく、自信がついたんです」

よし、もう一度、日本でやり直そう。

1993年（平成5年）8月。

根鈴雄次は、固い決意を胸に、再び日本へと戻って来た。

2年の武者修行は、心身ともに、根鈴をたくましく成長させてくれたのだ。


その頃、同じ年のイチローは、オリックスでプロ2年目のシーズンを迎えていた。

登録名は、まだ「鈴木一朗」だった。

その年の6月12日に放った「プロ初本塁打」は、当時近鉄のエースとして活躍、後にメジャーの舞台でも対戦することになる野茂英雄からだった。

ただ、1軍と2軍を3度も往復した「鈴木一朗」という、ひょろりとした若手選手の「輝かしい未来」を、その時点で想像できた人など、間違いなくいないだろう。

1軍出場43試合、打率・188、ヒット12本。

野球界という大海原の中で、まだ見えない夢の島へ向かって、イチローも、必死に泳ぎ続けていた。

根鈴雄次も鈴木一朗も、まだ〝何者でもない存在〟だった。

第3章　定時制高校

高校を休学して渡米する前に、根鈴が「もう一つの選択肢」として、おぼろげながら描いていた『復活の舞台』があった。

アメリカに行って、まずは高校を卒業する。そこから大学に進んで、将来はメジャーを目指す。

その夢を膨らませていく一方で、シビアに自分を見つめる〝別の目〟もあった。

「アメリカで、またポシャったら……というのはありました」

期待と不安は紙一重。米国でも、またどこかのタイミングで躓くかもしれない。そんな〝最悪の事態〟も生じるかもしれないという疑念が、心の片隅に、常にまとわりついていた。

「高卒の資格は取らんとダメだぞ」

事あるごとに相談に乗り、忠告してくれていた恩師、日大藤沢高野球部監督（当時）・鈴木博識から、ある時「日大藤沢での修得単位が使える学校があるぞ」というアドバイスがあった。

それが、単位制の東京都立新宿山吹高だった。

すでに修得済みの単位数次第では、最短2年で卒業できる可能性もある定時制高校だった。

当時は、まだインターネットも普及していない。だから、ホームページで学校のことを調べたりもできない。

それでも、興味が湧いた根鈴は、新宿山吹高からパンフレットを取り寄せ、学校の概要やシステムをじっくり読み込んだという。

「結局、アメリカで高校に入れなかったですからね」

結果的に、渡米前に調べていた〝次善の策〟が、根鈴の将来を大きく広げてくれることになる。

人生とは、思いも寄らぬ出来事の積み重ねなのかもしれない。

新宿山吹高校

東京メトロの東西線・神楽坂駅の２番出口を右に出る。早稲田通りから江戸川橋通りへと右折し、しばらく歩いていくと「早大通り」に突き当たる。その交差点を左へ曲がり、通りに沿って歩くこと数分。左手に見えてくるのが、東京都立新宿山吹高校だ。

学校の前には、都営バスの停留所もある、交通至便な都会のど真ん中に位置する同校は、地上７階、地下１階建て。テニスコートに体育館が２つ。室内には温水プールも常設されている。

左右対称の幾何学模様でアレンジされているモダンな建物は、まるでオフィスビルのようだ。同校は、1991年（平成3年）4月に開校された。

都立初、かつ唯一の「単位制」と「無学年制」が採用されている。

「学年制」だと、履修や修得ができなかった科目があると留年となり、その学年を再びやり直す必要がある。ところが「単位制」ならば、必要な単位を在学中に取ればいい。

さらに新宿山吹高は、以前に在籍していた高校などで修得した単位があれば「修得単位」として認められ、在籍中に修得した単位とともに、累積加算される場合もある。

2016年（平成28年）8月26日付で文部科学省が発表した資料「我が国の高等学校教育の現状と今後の改革の方向性」によると、根鈴が新宿山吹高に入学した1994年（平成6年）には、全日制、定時制、通信制を合わせた単位制高校は、全国で56校。

ところが、2013年（平成25年）は全国で974校と、その数を大きく伸ばしている。

画一的なカリキュラムで、全員がほぼ一緒に進級するという護送船団方式ではなく、個人の趣向や生活パターン、目的や学習のペースに合わせて、それぞれが独自の高校生活を送っていく。

それが、時代の流れでもあるのだろう。

新宿山吹高の授業は午前8時40分から午後9時10分まで。

4部に分かれ、それぞれの生活パターンや目的に合わせ、一人一人が時間割を作って、授業に臨む。

「普通にイメージされるような定時制じゃないですよ。不登校の子とか、うまく適応できなかった子供たちの学校ですね」

そう説明してくれた森《もり》勇二《ゆうじ》は、根鈴が新宿山吹高に入学した1994年（平成6年）当時、同校教諭を務めていた。

森勇二

1965年（昭和40年）生まれの森が、25歳の時に都立高校の教諭として最初に赴任したのが、新宿山吹高だった。

「根鈴と出会ったのが、28歳の時ですね。根鈴の担任から『メジャーを狙っていたヤツがいる』って聞きましてね。私も、野球の指導者になりたかったですから」

いつか必ず、野球の世界に戻る。

その共通した思いが、2人をがっちりと結びつけた。

そして、森との出会いが、根鈴の運命を大きく動かすことなる。

1993年（平成5年）8月。

20歳の根鈴雄次は、米国から日本へ戻って来た。

もう一度、野球をやり直す。

プロへ、そしてメジャーへとステップアップする。

その関門で見せるパスポートに「キャリア」を、しっかりと書き込んでいかなければならない。

高校に再入学するか。

あるいは「大検」を受け、大学入学を目指すのか。

まず、鈴木のもとへ相談に出向いた。

「お前なら、大検は取れるし、それで大学を受けたら受かる。でも卒業できなかったら、それでは『中卒』なんだ。遠回りになるかもしれないけど、高校だけは出ろ」

指導者生活の長い鈴木らしい、堅実なアドバイスだった。

通称「大検」。正式には「大学入学資格検定」と呼ばれる。

１９５１年（昭和26年）に始まった当初は、仕事と両立させながら、高等教育を受けたいという若者の救済案ともいえる狙いがあった。しかし現在は、高校中退、不登校などの生徒らが、将来につなげる手段の一つとして活用するケースがもっぱらだ。

ただ「大学入学資格検定」の名称が使われていたのは、実は２００４年（平成16年）まで。現在の正式名称は「高等学校卒業程度認定試験」といい、大検と同様、合格すると国公立、私立の大学、短大、専門学校の受験資格を得ることができる。

毎年2回、全国で約3万人が挑戦。合格率は4割程度だという。

この資格が取れれば、根鈴のように、高校中退者でも大学を受験して、進学することが可能になる。

ただ、大検も、高卒認定も「高校資格」ではない。

鈴木が指摘した通り、高校中退なら、その時点での最終学歴は「中卒」となる。

高卒認定を取っただけでは「高卒」の扱いとはならないのだ。

根鈴の性格、野球に対してのこれまでの取り組みを見れば、大学で野球部に入った場合、先輩や監督と衝突する可能性もある。年齢的なハンディもある。年下の先輩に頭を下げないといけない。

つまり「大学中退」という〝不測の事態〟が起こらないとは限らない。高卒認定で受験し、進学した大学を辞めた場合、その最終学歴は「中卒」のままなのだ。

「高卒」なら、社会人野球のチームを持つ大手企業にも就職が可能にもなる。鈴木の〝顔〟で、企業側に紹介しやすくもなる。

だからこそ、まずは「高卒」の肩書を取っておく。

鈴木は、根鈴の性格や行動パターンも踏まえた上で、今後の人生をにらんだ、いわば最善の策を提案してくれたのだ。

「中退だと、普通なら『単位0』なんですよ。でも、彼は認定単位がたくさんあったんです」

鈴木が言うように、日大藤沢高で勉強に専念していた〝2度目の高校1年〟で、学年1位を収めた成績がモノを言った。

「あの〝ダブった1年〟に、よく勉強していたなと思います。あの時の根鈴雄次に言いたいのは『よく勉強しておけよ』ってことですね。それが、役に立ったんですから」

根鈴が振り返ったように、この時に修得した単位が認定単位として換算できたことで、新宿山吹高を2年で卒業できることになる。

新宿山吹高へ進むことを決断した根鈴は、その手続きに必要な書類や成績証明書を取得するため、日大藤沢高へ出向いた。

1993年（平成5年）、まだ残暑の厳しい頃だった。

「ダブった同期が、まだ学校にいたんですよ」

2度目の1年生だったのは、その3年前。

不登校から立ち直り、勉強に専念したその1年は、高校生活をいわば、全うした1年でもあった。

その時の〝同期生〟で、留年した生徒がまだ3年生として学校にいた。渡米するのは、2度目の1年生を終え、2年生になった年の8月だから、その時の1年生たちも3年生になっていた。

根鈴の背景を知るからこそ、仲間たちは沸いたという。

「アメリカに行ってたんだって?」

「日本に帰ってきたんだ?」

「これから、どうするんだよ?」

待ち構えていた仲間たちに大歓迎され、質問攻めに遭った。

アメリカで、本格的にウエートトレーニングに取り組んだおかげで、体重80キロ台後半だった当時のボディーは、筋肉ムキムキだった。

その根鈴の姿に「あの人、プロレスラー?」と勘違いする生徒もいたほどだった。

「びっくりされましたね。でも、大フィーバーでしたよ。うれしかったです」

再出発する自分の背中を、押してくれているような気がした。

1994年（平成6年）4月。

根鈴は新宿山吹高に入学、夜の4部に入った。

必修科目の単位は、日大藤沢で修得できていたという。

「だから、卒業に必要な単位を取るという感じでした」

物理や数学といった理系の科目は最小限に抑え、将来を見越した上で、英語の授業を多めに取ったという。

情報処理のクラスでは「インターネット」を初めて知った。

「いずれ、これが普通になりますから」

担当教諭が紹介してくれたのは、電話回線で接続されたCNNのホームページだった。

米国での生活で、なじみのあるニュース専門チャンネルだった。

「こういうのがあれば、もっと便利になるんだろうな」

後に、海外で野球を続けていくことになる根鈴にとっては、不可欠のツールになる。

こうして、社会とつながっていくあらゆる〝出会い〟があった。

当時、学校の中には「喫煙所」があり、生徒たちのちょっとした、たまり場になっていたという。

たばこは吸わない根鈴だが、そこに集まる仲間たちとの会話が楽しくて、毎日のように、そこへ足を運んだという。

プロのミュージシャンを目指している青年がいれば、牛丼のチェーン店で店長を任されている中年男性もいた。

その年齢層も、職業も、背景も、みんなが個性的だった。

紫煙をくゆらせながら、それぞれが、その日にあったことや、これまでの経歴、将来の夢を語り合った。

どの話も、興味深いものばかりだったという。

愉快な仲間たちの前で、根鈴も正直になれた。

「根鈴君は、何をやってるの？」

米国での野球経験を、そして、メジャーを目指す夢を語った。

21歳での高校生活は、充実していた。

森は「3部」でクラス担任を受け持っていた。

根鈴とは体育の授業でしか会わない。しかし〝メジャー志望〟の野球人は、ひと目で分かった。

厚い胸板。太い両腕。筋肉が盛り上がった太もも。

「すごく構えてましたね。20歳を超えていたし、何というのかな。『威張っている兄貴分』みたいでした。生意気なんですよ」

根鈴に出会った時の印象を、笑いながら明かしてくれた。

森は日本体育大を卒業後、養護学校の講師を経て、都の教諭に正式採用された。

新宿山吹高には、硬式野球部がなかった。

「将来は、野球の監督をやりたかったんです。だから、他のスポーツで勉強をしておこうと思ったんです」

森が選択したのは、バレーボール部の監督だった。

「野球に似ているんです。笛がピッとなったら動く。野球も、サインを出す。投げる。打つ。そして止まる。サッカーやバスケットだと、プレーはずっと続くじゃないですか。バレーのレシーブやボールの取り方は、野手に似ていますしね」

ただ、体育大出身とはいえ、バレーは素人に近い。

ちょっぴりやんちゃな部員たちが、顔をそろえていた。そうそう簡単には、若き素人指揮官の言うことなど、聞く耳を持たない。

野球漫画の名作「ROOKIES」。

まともに練習をしない、不良のたまり場のようになっていた元名門野球部に、野球を知らない教諭が監督に就任する。

部員たちのあり余る情熱を、野球に向けさせ、最後は都大会を勝ち抜き、甲子園へたどり着く。荒廃からの復活は、ドラマの世界ではよくあるハッピーエンディングだ。

バレー部は「ROOKIESそのままでした」と森はいう。

プレーは光っている。しかし、態度が悪い選手がいた。

周りへの影響も大きい。他校の監督たちからも「あいつを、しっかりと抑えておかないと勝てない」と忠告されたという。

悩みに悩んだ末、森はその選手と向き合い、面と向かって怒鳴り上げたという。ここで、生徒の心を揺り動かすことができず、へそを曲げられてしまえば、バレーへの情熱を失わせ、ひいてはチームの大黒柱を欠いてしまうことになる、一種の賭けでもある。

しかし、森とその選手との〝直接対決〟は、吉と出た。

そこから、その選手は真剣にバレーに取り組むようになり、すると、チームの空気が途端に、大きく変わった。

「ハートの部分って、いかに大切かということですよね」

森の情熱あふれる指導と、選手たちの心が一体となったバレー部は、定時制の全国大会で初の「3位」に輝いた。


体育の授業で、試合形式のバレーボールを行った。

ちょっと訳あり、個性が強めの男子生徒が多いその中でも、根鈴の運動神経は際だっていた。

森は、あえて根鈴と反対側のコートに入った。

根鈴が打ったスパイクに、森が飛ぶ。

ネット際でのブロックで、きれいにはじき返した。

今度は、森がスパイクを放った。

根鈴の目の前に、強烈なボールが飛んできた。とっさに出した手をはじき、ボールはコートの外へ大きく外れていった。

「なんだ？　俺のボールが取れねえのか」

授業とはいえ、勝負事になると、途端に負けん気が湧き起こってくるのも、アスリートの本能だ。根鈴が、ムキになった。

スパイクを打ち返した。しかし、ネットにはね返される。

「おいおい、何やってんだ？」

森がはやし立てる。根鈴の顔が、真っ赤になった。

「ちょっと挑発してやりました」

肩肘張っている根鈴の心をほぐしてやろうと思っていたのだ。

「オーケーっす。根鈴さん、ドンマイっす」

年下の仲間たちが、根鈴に声を掛ける。

一緒に楽しもう。みんなで頑張ろう。

言葉ではない。ともに汗を流し、同じ時間を共有することで、森は根鈴に、その大事さを伝えたかったのだ。

「最初、やっぱり取っつきにくかったですよ。高校で失敗して、もう一度、高校でしょ。でも、僕のイメージですけど、嫌われる兄貴分から、本当の兄貴分になってきた感じでしたね」

森と根鈴たちは、授業が終わった後も午後10時半のリミットまで、体育館で試合形式のバレーに取り組んだ。

指導者を目指す若き教諭と、メジャーを目指す若き野球人。

「野球」という共通項が、２人の距離を縮めていった。

根鈴は、バレー部の試合へ応援に来るようにもなった。

「プライドというんですかね。角が取れてきましたね」

森は、根鈴の〝心の成長〟を喜んでいた。

単位制の新宿山吹高には、多彩な生徒たちがそろっていた。

例えば司法試験を受ける生徒は、朝から昼にかけて学校へ通い、夜は司法試験に特化した塾に行くのだという。

そうした自主性、能力に応じたカリキュラムを、自分で作ることができるのが、新宿山吹高の特色でもあった。

通常、定時制なら4年。しかし、努力次第では3年、根鈴のように認定単位を持って入学した場合、2年で卒業もできる。

それぞれのライフスタイルに合わせ、高等教育を受ける。

２０１７年度（平成29年度）の卒業生は、定時制、通信制合わせて２６６人。うち92人が４年制大学に進学している。

しかも、定時制から一橋大１人、東京工業大１人、慶大４人、早大11人、法大８人が合格。東大合格者も出ており、全日制の進学校も顔負けの難関大にも合格者を毎年輩出している。

根鈴は、新宿山吹高でも優秀な成績を残し、２年目で、早々と卒業のメドが立った。

「野球をやるんだったら、ここへ行ったらどうだ?」

森が根鈴に勧めたのは、法大への「指定校推薦」の枠だった。

定時制での2年目。要項の中に「法大の推薦枠」の説明が記されているのを、根鈴も気づいていたという。

根鈴の評定平均値は「4・9」。

国語、英語、数学、理科、社会。

5教科とも、5段階評価で「オール5」だった根鈴だけに、学内選考となれば、ダントツのトップだ。推薦枠に入るのは、学校としても、全く問題はない。

あとは、根鈴自身の「覚悟」だった。

早大、慶大、明大、立教大、東大、そして法大。

東京六大学は、野球のエリートたちが集う、大学野球界の最高峰ともいえるリーグだ。

伝統も、歴史もある。そこに、不登校、高校中退、定時制高校卒という異例のキャリアを持つ新入生が入部する。

待ち受ける困難は、実力のことだけではないだろう。

4年生は神様、1年生は口をきいてはいけない。

大学野球の世界では、まことしやかにささやかれていた頃に、4年生より年上の1年生が入部しようというのだ。

「チャンスがあるなら、行ってみろ。大変だと思うけど」

森は、根鈴に熱く訴えかけた。

「最初からやらないのはもったいない。根鈴も、最初は六大学でやれるなんて思っていなかったんでしょう。迷っていた時に、推薦があったんです」


「高卒」なら、社会人野球の道があった。

鈴木は、新宿山吹高への入学前、根鈴にこうアドバイスした。

「お前の実力なら、契約社員で入れるから」

社会人野球で活躍すれば、その先に「プロ」の道が開ける可能性がある。それを目指すのが、現実的な選択なのかもしれない。

「高校を出たら、社会人で野球をやろうと思っていたんです」

根鈴も、鈴木の提案に乗ろうと、当初は考えていたという。

しかし「法大」という、名門大学の魅力は大きかった。

「法大って、江川（卓＝元・巨人）さんのイメージだったんですよね。それに、大学に行ったら、木のバットでやれるじゃないですか」

社会人野球は当時、金属バットが採用されていた。

プロ、そしてメジャー。さらに上の世界を目指すには「木」で勝負したい。それには、法大という舞台は、うってつけだった。

「野球がやりたいんです」

根鈴は、学内選考の面接でその思いを伝えた。

成績、そして志望動機を踏まえた文句なしの「合格」だった。

「後にも先にも、そんな理由を挙げたヤツ、俺だけみたいです」

それもそのはずだ。

野球をやるために六大学に行く。そのために定時制を選ぶような高校球児は、まずいないのだ。

1995年（平成7年）11月。

その年の1月、阪神・淡路大震災が発生。その被災地・神戸を本拠地とするオリックスが、パ・リーグを制覇した。

「がんばろうKOBE」と書かれたワッペンを、ユニホームの右袖に縫いつけ、戦い続けたイチローは、プロとして初めての「優勝」を体験、2年連続の首位打者とリーグMVPを獲得した。

母と書道展にて。昔、書を習っていたので、授業で履修した。「人事を尽して天命を待つ」が根鈴の作品。推薦入学が決まった直後の12月

そして根鈴は、法大への推薦入学が決まった。

森は、日本体育大学で野球部に所属していない。

野球というのは、用具をそろえたりするだけでも多額の費用がかかる。試合のための遠征費などもかさんでくる。部の活動に専念すると、アルバイトもままならない。そうした経済的な事情も重なり、森は野球部での活動を諦めた。大学時代は母校の都立武蔵村山東高で、野球部のコーチを4年間続けた。

根鈴には、野球を教えたわけではない。それでも、教師として深く関わった教え子が、六大学でプレーすることになる。

森は、自分のことのようにうれしかったという。

「練習、どうする?」

六大学では、木製バットを使用することになる。森は、立川市内に硬球が打てるバッティン

グセンターを見つけてきた。

「ブランクもあるし、慣れておいた方がいいだろ？」

森は、根鈴をバッティングセンターに連れて行った。

１１０キロのスピードが出るマシンが、１カ所だけあった。

草野球レベルでは速すぎる。誰も打っていない。

根鈴は、迷うことなく、そのケージに立った。

「カーン」

澄んだ打球音とともに、鋭いライナーがネットに一直線に突き刺さった。森は仰天した。

こいつ、ただもんじゃない——。

新宿山吹高での約1年半は「野球をやっているとは言えないような生活だった」と根鈴は振り返る。

新宿山吹高には、硬式野球部がなかった。軟式野球部も同好会の域を脱さないレベルとあって、当初から入部しなかった。

午前中、トレーニングジムで体を鍛えてから登校する。

学校では、バレーボールかテニス。授業を終えて帰宅すると、街灯の光を使ってキャッチボール代わりの壁当てと素振りを行う。

たまに軟式のバッティングセンターに行って、気晴らしにスイングをする程度だったという。

だから、硬式球を打つのは「米国から帰ってきて以来でした」。

そんなブランクなど、全く感じさせない打球だったという。

立川のバッティングセンターには、右中間に張られた防護ネットに「ホームラン」と書かれた的がついていた。

2球目、3球目。根鈴は、そこへ続けざまに当てた。

鮮やか過ぎる〝連続本塁打〟に、森はただただ見惚れていた。

「バッターって、天性なんですよ。投手だったら、球は速いけどコントロールが悪いとかとなると、私立ではなく、都立に来たりするんですよね。でも、打者は中学時代にいいと、必ず私立の強豪に行ってしまうんです。根鈴のような打者に、僕はその後も出会っていません。モノが違いました。それくらいの衝撃でした」

弾丸ライナーが、ネットに一直線に当たっていく。

「当たり損ねで打球が真上に上がったりとか、そういうのが1球もなかった。全球、パッコンパコンと……。ホントにすごかった」

いつの間にか、周りで軟式球を打っていた他のお客さんもスイングを止め、根鈴のスイングを凝視していた。

「ねえねえ、あのお兄ちゃん、プロ？」

無邪気に問いかける子どもたちの姿に、森は笑うしかなかった。

「どこまですごいのか、僕も見たことがなかったんです。周りの人たちが打てなくなって、根鈴を見に来た。びっくりですよ」

バッティングセンターで、周囲をたじろがせる。

その光景は、サンディエゴでも、立川でも同じだった。


技術的にも、森は感嘆するばかりだった。

「あれから僕は、根鈴のバッティングをやっているんです」

都立昭和高に2008年（平成20年）に異動、野球部監督に就任すると、その2年後の2010年（平成22年）に、東京都秋季大会でベスト4に進出した。

その躍進の裏には〝根鈴のバッティング〟があったという。

生徒たちには「今までのバッティングは忘れろ。俺が一から教えてやるから」と告げた。選手たちに教え込むのは、バットを回旋させるための動き。それは、空手の「裏拳」の動きだという。

森が都立昭和高にいた2017年（平成29年）、監督室で取材中のことだった。

私は、森から突然、目の前にあったテレビのリモコンを、左手で握るように言われた。チャンネルのボタンのついている側を、上からつかむようにして握ると「これを裏返しにしてみて下さい」。

左拳を返すのに伴って、前腕部も回転する。

この「回旋運動」が、バッティングでは重要になる。

右打者なら左手、左打者なら右手一本でバットを握り、裏拳の動きを取ると、そのグリップを支点に、バットのヘッドが半円を描くのが分かる。リモコンでも、十分に理解できる。

野球中継で、解説者がよく言う「バットのヘッドを返す」「バットのヘッドを走らせる」というのは、バットを回旋させることで生じる、一連の動きを指している。

その回旋するバットで、ボールの下半分を叩く。

すると、ボールにスピンがかかり、ボールが上がる。根鈴は、その「打球を上げる」という動きを、自然にやっていたのだ。

「低めの球を『バットを立てて当てる』。理論上、僕も分かりました。それ、20年以上前の話です」

森は、当時の選手たちに〝裏拳打法〟を説明する時、必ずこう前置きしていたという。

「俺の知り合いがいて、これをやっていたんだ」

もちろん、根鈴のことだ。

森は、1997年（平成9年）に、新宿山吹高から都立武蔵村山高に異動、念願の野球部監督に就任した。

早稲田実業、日大三高。私学全盛の西東京で、都立校が勝ち抜いていくのは、至難の業だ。

それでも森は、武蔵村山をベスト16に導いた。

都立昭和高でも、2010年（平成22年）に秋季大会でベスト4、2015年（平成27年）夏にも8強に進出した。

都立昭和の名が全国にとどろいたのは、2016年（平成28年）春のことだった。

春季大会2回戦で、清宮幸太郎（現・北海道日本ハムファイターズ）がいた強豪・早稲田実業を6－2で下した。

その〝ジャイアント・キリング〟は、スポーツ紙などでも大々的に取り上げられ、もちろん、森の名も報じられた。

「いつかは、甲子園に行きたいですよね」

野球への情熱は、決して消えることはない。いつか、ごく普通の都立校を〝根鈴理論〟で鍛え上げ、聖地で采配を振るってみたい。

「ハングリーさでは、根鈴と一緒ですよ」

夢は、捨てない。さすがは、根鈴の恩師だ。


1996年（平成8年）春。

根鈴は、法政大学法学部法律学科に入学した。

「ひとつも、まともに来ていないんですよね」

不登校、引きこもり、高校中退、渡米、定時制、そして東京六大学へ。

そのキャリアが、一直線には並ばない野球人生。

野球界の「ヒエラルキー」から一度はこぼれ落ちながら、根鈴は再び、自力で〝メーンストリーム〟に帰ってきた。

第4章 23歳の新入部員

法政大学野球部は、1915年（大正4年）に創部された。

その2年後の1917年（大正6年）、早大、慶大、明大で行われていた三大学リーグに加盟。その後、立大、東大が加わり、1925年（大正14年）に東京六大学リーグが正式に発足した。

2018年（平成30年）までのリーグ優勝45度は、早大と並び最多タイ。全日本大学選手権の優勝8度も、大学最多である。

2019年（令和元年）現在、プロ（NPB）入りした法大出身者は146人。野球殿堂入りしたOBも10人を数える。

その長き歴史と伝統は、日本野球界とともにあるといっても決して過言ではない。

法大で野球をやる。東京六大学でプレーをする。

それは「エリート」として認められたこととイコールでもある。

1994年（平成6年）からの9年間、法大監督を務めた山中正竹《やまなかまさたけ》は、だからこそ、根鈴雄次という「入部希望者」に出会ったその時の〝衝撃〟を、今も忘れることができないのだという。

「私にとって、初めてのことでした。その経歴で、法政に入ってきて、果たして野球ができるのかと。それくらい、理解ができない経歴なんですよ。何しろ、経歴が時系列で並ばないんですから」

山中の名は、法大はおろか、東京六大学の歴史に今なお燦然《さんぜん》と輝いている。超エリート中のエリートの一人だ。

身長169センチの左腕投手は、1年生の春季リーグからエースの座に君臨。リーグ通算48勝は、山中が1969年（昭和44年）に達成して以来、半世紀近くも破られていない。

山中正竹

「小さな大投手」の名にふさわしい、不滅の大記録だ。

プロには進まず、社会人野球の強豪・住友金属で活躍。社会人の最高峰といわれる「都市対抗」にも7度出場した。

1981年（昭和56年）に同社監督に就任すると、翌82年には都市対抗で優勝。さらに83、84年には、都市対抗と並ぶ社会人のメーン大会である「日本選手権」で連覇を果たした。

日本代表コーチとして、1988年（昭和63年）のソウル五輪で銀メダル、1990年（平成2年）には日本代表監督に就任、1992年（平成4年）のバルセロナ五輪では銅メダルを獲得した。

1989年（平成元年）春のリーグ制覇以来、優勝から遠ざかっていた母校の再建を託され、1994年（平成6年）に法大監督に就任すると、その年の秋と1995年（平成7年）春に連続優勝、95年には全日本大学選手権も制覇。2002年（平成14年）の退任までの9年間で、リーグ優勝に7度も導いている。

2003年（平成15年）から7年間、プロ野球の横浜（現・DeNAベイスターズ）で専務取締役を務め、ドラフト制度検討委員会委員長、セ・リーグの連盟理事長などを歴任。2006年（平成18年）の第1回WBC（ワールド・ベースボール・クラシック）では、日本代表の技術委員も務めている。

2016年（平成28年）には、野球殿堂入りも果たした。

2020年の自国開催となる東京五輪へ向け、日本代表監督に就任した稲葉篤紀は、法大監督時代の教え子でもある。山中は稲葉をサポートするため、野球日本代表強化本部の本部長に就任した。

キャリアを列挙するだけで、山中の偉大さが伝わってくる。

選手としての実績はもちろん、指導者として、さらにプロ、アマの両方の世界に精通。海外での試合経験も豊富だ。

法大だけではなく、日本野球界のレジェンドともいえる山中のもとに、非エリートの典型のような男が飛び込んできたのだ。

根鈴が「入部したい」という、自らの意思を伝えるため、神奈川県川崎市にある法大野球部合宿所を訪れたのは、ちょうど山中の不在時のことだった。

1995年（平成7年）年末。

山中は野球部を率いて、リーグ優勝と大学日本一のご褒美を兼ねた、米国への「研修旅行」に出かけていた。

推薦入学が決まっている。

野球部に入りたい。

入学前に練習にも参加したい。

応対した留守番役のマネジャーは、帰国した山中に「入部希望者」が持ってきたという履歴書を手渡した。

日大藤沢高中退。渡米。

帰国後、定時制の新宿山吹高入学、卒業予定。

法大、推薦入学。現在22歳。

翌春に入部すれば、今いる4年生たちよりも年上になる。

「こいつを、本気で成功させてみたいな」

それらの書類に目を通した瞬間、山中は心を決めた。

「ひょっとしたら、昔の山中正竹なら、していないかもしれないですね。でも、巡り合った年齢、私のキャリア、そのタイミングのすべてが、そうさせたんです。これは面白いと感じることができた、そういう野球人生だったんですよ」

この〝異質の存在〟を、伝統と格式のある「東京六大学」という世界に放り込んでみたら、どんな変化が起こるのか。

その『触媒』となり得る存在が、今の法大には必要なんだ。

そう考えた山中は、マネジャーに早速「22歳の入部希望者」の野球部入部に関し、リーグに必要な手続きを取るように伝えた。

ところが、そこでいきなり〝難問〟にぶち当たった。

根鈴が提出した資料の中に「スカウティング・リーグ」で、トロント・ブルージェイズのチームに入り、プレーしていたことを報じた新聞記事のコピーが添えられていた。

メジャー各球団が、全米各地で発掘した有力選手を集め、混成チームを組み、試合を行う。そこで根鈴がプレーしたことが、プロの試合への参加と見なされる恐れが出てきたのだ。

連盟の解釈はこうだった。

根鈴という選手は「元プロ」ではないのか？

それでは、大学のリーグ戦には参加できない。

法大側が根鈴の入部手続きを取ろうとすると、リーグから「待った」が掛かった。

「プロ・アマ規定」

野球界に厳然と存在する〝不変のルール〟に、根鈴のキャリアが抵触する可能性が出てきたのだ。

「プロでやっていない証明をしてほしい」

しかも、ブルージェイズの正式な書面で提出するよう、リーグから命じられたのだ。

プロとアマの関係改善は、野球界にとって長年のテーマだ。

ドラフト制度発足前の１９６１年（昭和36年）４月、中日が日本生命の外野手・柳川福三と契約し、入団を発表した。

社会人のシーズン中でありながら、プロ側が有力選手を強引に奪っていった一方的な行動に、アマ側が猛反発。翌年から、プロ退団者の受け入れを一切拒否する措置を決めた。

この「柳川事件」を引き金に、両者は断絶状態に陥った。

その後、元プロ選手の高校、大学、社会人への指導者としての復帰に関するルールが緩和され、整備されてきた。しかし、いまだにプロ選手とアマ選手の接触は、厳しく制限されている。

そこには「特定球団との癒着」を防ぐという大目的がある。

あの球団に、俺が紹介してやる。

俺の知っているチームに、いい選手がいますよ。

プロとアマとの橋渡しと称し、介在することで、金銭や飲食を要求したりする、そうした〝ブローカー〟の跋扈《ばっこ》を防ぐ。

学生たちを守るためのそのルールは、必然的に厳しくなる。

例えば、日本学生野球憲章に基づき、現役のプロ選手が母校の高校で自主トレーニングを行う場合、その当該校から所属連盟に届け出ることが必要になる。

また、プロ選手は現役引退後に「資格回復講習」を受け、アマ資格を回復していなければ、公には、高校の野球部員である息子とはキャッチボールすらできないのだ。

アマチュアリズムという、崇高な理想を守り抜く。

時代とともに低くなりつつあるとはいえ、両者を隔てる〝壁〟の存在は、決して無視できないものなのだ。

法大のマネジャーから、そのことを告げられた根鈴は戸惑った。

プロとしての契約もしていない。報酬も発生していない。

ところが、連盟側の通達は、その〝証明書〟を出さないと、リーグ戦には参加させないという。つまり「プロとしてプレーしていない」ということを、明らかにしなさいということだ。

「自分を採用しなかった会社に、雇用していない証明を出してくれなんて、普通は言わないでしょ?」

根鈴の指摘の方が、むしろ正しいだろう。

しかし、プロ・アマの「厳密な棲み分け」がある日本の大学野球界において、その理屈は、絶対に通用しない。

入部は、一時凍結となった。

山中は、この〝証明書〟をもらうという手続きが、並大抵のことではないことは、十分に分かっていた。

「なんで、こんなものが必要なんだ。合点はいかなかったと思いますよ。『プロではない証明』

って難しいですよ。でも、プロに関係していた人間が入部して、後に何かに触れてしまうと、大きな問題になる。整合性は取らないといけないですからね」

根鈴は、何度も何度もトロントのオフィスに問い合わせた。

新宿山吹高時代の英語の先生に協力してもらい、トロントに送る説明文と依頼文も、自分で英訳したという。

出せと言ってきたリーグ側は、何も協力してくれない。

そうした姿勢に、反発してきたのがこれまでの根鈴だった。

「さっと入れない。なかなか難しいよ。それを根鈴に言わなければならなかったし、私にも不安はありました」

それでも山中は、手を差し伸べたわけではない。

「やる。だったら、絶対にフラストレートすることはないよな」

こいつはきっと、この困難を克服してくる。

まだ見ぬ「根鈴雄次」という男を、山中は信じていた。

根鈴も、ブルージェイズからの返答を待ち続けていた。

「指定校推薦での入学じゃないですか。だから、後輩たちに迷惑をかけられないので、授業には真面目に出ていたんですよ」

１９９６年（平成8年）春、法大は36度目のリーグ優勝。その歓喜の輪の中に、根鈴は入ることはできなかった。

野球がやりたくて法大に入ったはずなのに、野球ができない。

先が見えない不安で、じりじりするような日々が続いていた夏休み真っ只中のことだった。

自宅の郵便ポストに、見慣れない封筒が入っていた。

そのエアメールは、根鈴が待ちに待っていた『朗報』だった。

「彼の能力は非常に高かった。しかし、プロとしての契約はしていない。だから、大学でのプレーに支障はない」

ブルージェイズのロゴが入った正式なレター用紙に「ジョン・コール」というスカウトからのメッセージと署名が添えられていた。

その〝カナダからの手紙〟を手に、根鈴は喜び勇んで、法大野球部の合宿所へと向かった。

ＪＲ武蔵小杉駅から、徒歩約10分。

閑静な住宅街の一角に「法政大学川崎総合グラウンド」がある。

野球部は１９３９年（昭和14年）から、この地で練習を行っている。ただ、グラウンドは戦時中に米軍に接収され、バックネット裏にあった合宿所は、空襲で焼けたという。

その先人たちの汗、涙、そして、栄光で彩られてきたグラウンドは、2008年（平成20年）から、全面人工芝に改装された。

「今は、すごく綺麗になっていますよね。自分たちの頃とはだいぶ、違いますよ」

そう振り返る根鈴にも、思い出の詰まったグラウンドだ。

そこからほど近いところに、法大野球部の合宿所がある。

2001年（平成13年）12月に完成した現在の合宿所は「3代目」にあたる。正面から見て、右斜め上のところに「HOSEI」のロゴが据え付けられた鉄筋コンクリートのモダンな建物は、落ち着いた住宅街の中にも、しっかりとなじんでいる。

法大野球部の合宿所

根鈴の現役当時は、2代目の〝旧合宿所〟だった。

現在の合宿所と同じ場所に建っていたが、1976年（昭和51年）から使用されていたもので、当時も古さが目立っていた。

玄関を開けると、その真ん中を貫く廊下がある。踏みしめると、かすかにきしむような音がする。そこを真っすぐに歩き、突き当たったところ、すぐ右に小さな部屋がある。

6畳一間の畳部屋。

ふすまを開けると、小さなちゃぶ台のような机と座布団が置かれていた。そこが、山中の使う「監督室」だった。

1996年（平成8年）8月。

〝プロでなかった証明書〟をカナダから取り寄せるために入部手続きが遅れていた根鈴は、その間に誕生日を迎えたことで、すでに23歳になっていた。

夏の真っ盛りに、山中と根鈴は、初めて向かい合った。

根鈴は、当時の体重が80キロを超えていた。ウエートトレーニングで鍛え上げた両足を折り曲げて正座すると、グレーのスラックスがいまにもはち切れそうになっていた。

「本気なのか？」

「はい。法政で野球がやりたいんです」

太ももの上に置かれた拳が、硬く、ぎゅっと握られていた。

「あえて言いました。こいつは本気だ。成功させたい。私にそういう気持ちが生まれてきたんです。だから、山中という監督が、この根鈴という男を受け入れるのか、積極的じゃなさそうだという、ちょっとポーズを見せてみようと」

ここに、たった一人でやって来た。

過去を背負っている。年齢も、キャリアもハンデになる。それを承知で、法大という六大学の名門に入りたいという。

メジャーの球団に、自ら問い合わせて〝プロでない証明書〟までも、自分できちんと取ってきた。

こいつの行動力と、その覚悟は、相当なものだ。

「高校野球の名門、強豪の練習の中で、彼の感覚として『俺のやりたい野球はこんなのじゃない』というのが、高校の頃の根鈴にもあったんでしょう。野球観が違う。だから飛び出したんだろう。こんなところでやってられるか。飛び出しちゃえ。それでアメリカに行ったんだろう。そう思っていました」

山中は、見抜いていた。だから、あえて〝逆〟のことを言った。

"Devil's advocate"、訳せば「悪魔の擁護者」だ。

議論の活性化のために、わざと反対の立場を取る。アメリカのディベートでは、あえてその役回りをさせられることがある。

そうやって、議論を深めていくのだ。

バルセロナ五輪での日本代表監督時代。

山中のもとへ集ってきた選手たちは、社会人の各チームで主将を務めるような「リーダーシップの強さ」があった。

20人のうち、後に社会人チームの監督になった選手が7人、プロ野球で指導者を務めた選手も6人いる。メンバー中、唯一の大学生だった小久保裕紀（当時・青山学院大3年）は、第4回WBCで日本代表監督を務め、チームをベスト4に導いている。

その〝強い個〟を束ねていくためには、普段の練習や生活態度から見えてくる性格や行動パターンを踏まえ、個々人に応じた、的確なアプローチが必要になる。

「勝負に対して厳しかったです。『言葉の力』というのがすごかった覚えがあります。メンタル面でうるさかったですしね」

世界を相手に戦い続けてきた「山中正竹」という指揮官をそう表現してくれたのは、銅メダルメンバーの一人である三輪隆だった。

捕手の三輪は、関東一高で１９８７年（昭和62年）春に甲子園で準優勝。明大でも東京六大学のベストナイン３回。社会人の神戸製鋼時代には、日本代表メンバーの常連の一人だった。

1993年（平成5年）のドラフト会議で2位指名を受けオリックスに入団。実働11年間で通算584試合に出場。レギュラークラスの一人として、当時のオリックスでも貴重なプレーヤーだった。

その現役時代、三輪はある〝難役〟をこなしている。オリックスと近鉄との「球団合併構想」に端を発し、球界再編の嵐が吹き荒れた2004年（平成16年）のことだった。

三輪は、オリックスの選手会長を務めていた。

球団合併というのは、球団の経営戦略だ。

12球団の選手会は、球団数の削減につながる合併に反対の立場を取っていた。三輪が反対を主張することとは、所属している球団の経営方針に異を唱えるということだ。

その微妙な立ち位置で、三輪は普段の試合もこなしながら、経営者側との交渉や選手間の調整に奔走した。

捕手としての実力はもちろんだが、そうしたリーダーシップの素養もあったからこそ、山中は三輪を常に日本代表メンバーに招集していたのだ。

2004年限りで現役を引退した三輪はその後、オリックス、東北楽天でコーチやスカウトを歴任。2019年（令和元年）現在も、オリックスの2軍バッテリーコーチを務めている。

教え、率いる。その立場になった今、山中の見せたマネジメント力が、三輪には強く印象に残っているという。

ある試合の敗戦後のミーティングだった。

「お前たちは、責任転嫁をしていないか？」

山中は、口調を荒らげるわけではない。淡々と、そして、語りかけるように、選手たちに説いたという。

「言い訳をさせなかったですね。志の高い人たちばかりが集まっていましたけど、それを、常に同じ方向を向かせていました」

なぜ、負けたのか。

こいつがミスをしたから。

あそこであいつが打たなかったから。

敗因を「他人」につなげれば、自分の心は楽だろう。ただ、それは、悔しさからの逃避でもある。

自分は全力を尽くしたのか。チームの勝利のために、相手にひるまず、立ち向かっていたのか。勝利という最大の目的を達成できなかったのは、一体なぜなのか。

その過程を、姿勢を、戦いぶりを見つめ直す。それが個の、そしてチームの成長につながっていく。その丹念な検証を欠けば、そこには「敗戦」という、単なる事実しか残らない。

山中は、そのことを選手個々の心に問いかけたのだ。

俺についてこいという、率先型のリーダーでは決してない。

ともに考え、理解を深め、歩調を合わせていく。

それぞれのベクトルを、同じ方向に向けなければ、個々の力が強いだけに、チームが分裂する力もそれだけ強い。

山中は、その個性派集団をまとめ上げ、銅メダルに導いたのだ。


法大という名門校を選ぶ選手たちも、その気質では同じだ。

高校でエースを張り、4番を打ち、甲子園に出た。将来はプロに行きたい。世界で戦いたい。

その夢を叶えたい。その自信もあるからこそ、法大に来る。

ただ、根鈴はそうしたエリートたちとは対極の位置にいた。

不登校、引きこもり、高校中退。

たった一人での渡米。定時制高校卒業。

高校野球生活で、公式戦出場経験もない。

山中の目の前に座っている男は、また違った意味での強すぎる個性の持ち主だった。

こんな経歴の選手は、法大史上でも前代未聞なのだ。

「根鈴のようなヤツは、なかなか受け入れられないぞと、みんなが、先入観を持ってしまう。そういうのは、経済の世界でも、政治の世界でもそうですよね。野球の世界は、あまりにも特殊。そういう意識が強すぎますね。監督、指導者の存在というものも、ものすごく大きい。受け取る側の選手たちへの影響も大きい。だから、ひょっとしたら、根鈴の人生を大きく変えたかもしれない。

それだけ影響力が大きいからこそ、指導者がもっと柔軟に、しっかりと勉強もして、野球というもの、学生のことを考えていく。そうすれば野球界も変わるし、周りの評価も変わる。根鈴は、私にとっても、存在感の大きな一人だったことは、間違いないです。何しろ、経歴が変わりすぎていますからね」

他の指導者にはないキャリアを、山中は自負していた。

そんな自分が率いるチームには、根鈴雄次という〝異文化〟をもたらしてくれる存在が、絶対に必要なのだ。

「法政のようなところを出て、企業でやる。その後は、社会の組織に入って、すーっと行く。それは、典型的な生き方ですよね。私は五輪の経験がある。国際試合を10年、世界を渡った。大学の指導者もやった。すべてがやれるもんじゃない。

好むと好まざるとにかかわらず、私はそう（エリートと）いう見方をされているでしょう。極めて順風満帆な野球人生ですよ。どこのカテゴリーでも成績を伴っている。こんな運のいい人間、面白くねえなと。それをやっかむ人がいるのも、当然のことです。

それもあるから、言わなきゃいけないことがある。それが責務です。私が言った方が効果的なこともある。それを常に意識して生き続けています。自分のキャリアの中で、自分が言わなければならない。そういう嫌な役だって、やらなきゃいけないんです。1つの型にはまるという、決めつける人が多い世界の中で、うわべだけじゃない、大きな野球というものを、いろいろと捉えているんだと」

だからこそ山中は、本心とは違う言葉をぶつけながら、根鈴の内心を探り、それを引きだそうとしていた。

その〝尋問〟は、執拗だった。

「今、入ってきても、4年生はお前より年下だ。年下のやつに『あれ、持ってこい』とか『グラウンドにトンボかけろ』とか言われてもできないだろ？　そういうことは正しくないという価値基準の中で、お前は世界へ飛び出していった。いや、日本から見ると、抜け出していった人なんだぞ。無理だよ。まだ、そういうことの残っている世界なんだ。無理だ、やめとけ」

タテ社会の野球界。先輩の言うことは〝絶対〟と言われてきた。

「根鈴が嫌う世界。それは、私も嫌いなんです」

山中が法大で活躍したのは、１９６６年（昭和41年）からの４年間。東京五輪が終わり、日本は高度経済成長期の真っ只中だった。

社会は変わりつつあった。しかし、戦前から脈々と続く歴史を誇る法大も、日本の野球界も、その「体質」は簡単に変わらない。

鉄拳制裁、正座での説教。４年生は神様。

誰もが通る道。その苦しみに耐えるのが当たり前。

当時は、しごいた側ではなく、弱音を吐き、しっぽを巻いて逃げた側の方が、むしろ〝責め苦〟を負ったような時代だった。

「法大のような、ガチガチの世界ですよ。本流中の本流です。私もそのガチガチのタテ社会で育ったんです。不満を持ちながら、日本の野球界では、それが当たり前。でも私なんかは、ひょっとしたら、その中の『優等生』だったかも分からないんです」

理不尽な時を超える。若い時に、その苦労を知るべき。

大学の野球部とは、そういう存在だと位置づけられていた。

上司や指導者との、一対一の関係の中で生じる摩擦を表現する「ハラスメント」という言葉が、社会でも、スポーツ界でも、当たり前のように使われるようになってきた『今』と比べれば、まさしく隔世の感すらある。

23歳の1年生。

それだけで、部の秩序が狂う可能性がある。

しかも、名門校を一度は中退している。「ケツを割った」経験のある人間を、そうした秩序にうるさい組織の中に放り込む。

現役の選手たちだけではない。

大正、昭和、平成、そして令和へ。

時代をまたいで、歴史を築き上げてきた多くの先輩たちがいる。

「そんな訳の分からんやつ、入れなくていい」

様々な意見が出てくるのも分かっている。

根鈴が入って、弱くなる。部内が乱れる。

仮にそんなことが起こったら、山中への批判も集中する。

「私が、普通の野球人、日本にどっぷりの大学の監督なら、絶対に受け入れていないです。OBや周りの方々に、相談はしたかもしれません。でも、相談をしていたら『リスキーなこと』はしなかったと思います。私はやっぱり、五輪の監督をしたのが大きかった。世界に目が向いた。日本の野球人である自分、代表監督である自分。知らなきゃいけないことが増えたんです」

歴史の否定は、先輩たちの歩みを否定することにもつながる。

伝統を守り抜く。それは、名門校の監督を引き受けた山中の双肩に、ずしりとのしかかった責任だった。

しかし、守るだけでは、守り切れない。時代の流れに則し、自らを変化させ、対応させていく。

それが「発展」であり「進化」なのだ。

「法大」というブランドは、日本の野球界の中で大きなステータスになる。しかし、日本だけに閉じこもってはいられない。山中が法大監督を務めた１９９０年代も、むしろ「世界」を基準にしなければ、太刀打ちできない時代を、すでに迎えていた。

「世界」を知る山中が抱いた、強い危機感だった。

五輪で野球が正式競技になったのは、山中が日本代表監督を務めた１９９２年（平成４年）のバルセロナ五輪からだった。

世界各国が、野球というスポーツに本腰で取り組み始めていた。

イタリア遠征でのことだった。

ミラノに行くと、11万人が入るサッカースタジアムの灯が煌々《こうこう》と輝き、大歓声が聞こえてきた。

サッカー大国で、野球の肩身は狭い。

薄暗い照明の野球場で、敵将は山中に熱く語ったという。

「俺たちも、今にあれくらいの球場を造ってやるぜ」

オーストラリアも、技術的なレベルは日本に及ばない。

それでも、身長180センチを軽く超えるような、恵まれたサイズの選手たちが、一生懸命にプレーしている。

「これは、そのうちにすぐうまくなるぞ」

山中の予感は、十数年後に的中する。

2004年（平成16年）、オールプロで臨んだアテネ五輪。その準決勝で日本が敗れたのは、オーストラリアだった。

隣国の韓国、台湾の選手たちを見ても、山中にはその技術の高さが目を引いたという。

「選手は日本よりも少ないんです。でも、どうして彼らはうまいんだろう」

あらゆる環境のもとで、工夫をして、野球に取り組み、そして楽しんでいる。そして、強くなろう。うまくなってやろう。世界をあっと言わせてやろう。

その気持ちが、彼らには全面に出ていた。

山中が率いたバルセロナ五輪でも、予選リーグ、そして準決勝の大一番で、日本代表は台湾に敗れている。

日本の野球環境は、他国に比べてもずっと恵まれている。国民的スポーツとして完全に定着し、親しまれている。

なのに、プレーする選手たちに、どこか表情が感じられない。

監督に怒鳴られ、先輩に殴られ、せっかくの試合の場でも、ちぢこまっているように見える子供がいる。監督やコーチの顔色をうかがいながら、プレーをしている選手が多い。

そんなことでいいのか。

日本の学生野球の〝悪しき伝統〟を崩したい。

そう思っていた山中にとって、世界で体感した新たな野球観はまさしく「目からうろこの連続だった」という。

「私も今まで、日本の野球にどっぷりつかってきた人間。しかしもし、もっと早くからこういう経験をしていれば、私の野球観も人生観も全く変わった歩みをもっていただろうなと……。もう少し、早く知ればよかった。そう思ったんです」

だから、法大を変えたい。

母校の立て直しを要請された瞬間から、そう固く心に誓っていたのだという。

「タテ社会。それは私たちのころと同じスタイルだったんです。狭い世界で、野球が楽しいのか、楽しくないのか。大改革をしないといけない。勝つことより、こいつらを本当の大学生にしないと。野球以外の世界を教えていかないと」

監督就任後、選手たちに「授業優先」と伝えた。

もちろん、それが学生の本分だ。なのに、授業にも出ず、朝から晩まで練習する。それが、大学野球の悪しき慣例でもあった。

あらゆる新機軸を取り入れていった。

韓国の指導者が、半年間の研修にやって来た。フランスの留学生や、米国の高校生を体験入部させたこともあった。

片言で、選手たちが恐る恐る質問を始める。

通じると、楽しくなる。互いに笑顔が増えてくる。もっと知りたいという意欲が湧いてくる。そうすると、選手たちは自ら、その国のことを調べ始め、会ってまた、新たな質問を重ねていく。

そうやって、学生たちが自分たちで考え、動き出す。山中は、そのための〝きっかけ〟を、常に作ろうとしていたのだ。

「本来、大学野球はこうあるべき、スポーツはこうあるべき。そういうのは、なかなか浸透しないんですよ。拒絶する大人がいます」

変わらなかった。

変えなければいけないと思っていた。

そこに「根鈴雄次」という、異例の経験を積んだ男が来た。

高校野球をやっていない。アメリカの野球を体感し、人生をやり直すために、定時制高校でも学んできた。

4年生よりも年上。でも、一から野球をやりたい。

「すごく面白い。活躍したら、大学の野球界のあり方が変わる。そんな野球界にしたかったんです」

法大のエリートたちにないものを、こいつは持っている。

「根鈴の存在は、10年かかるところを2、3年加速させる。根鈴の存在が、学生の中に広まって、感化させて、法大を変えて、刺激になっていく。他校にもインパクトを与える。実際に試合に使ったとか、その成績より、法大の野球部に入部した、周囲が見る法大のイメージを変えた。そのことの方が、大きいんじゃないかな」

何かが起きる。きっと、何かが変わる。

山中は、そう確信したのだ。

「根鈴に、私自身が興味を感じたんです。私も、国際的なキャリアがなければ、受け入れていませんでした。世界を経験していく中で、アメリカの学生はこういうシステムで勉強をして、こういうスポーツ観がある。キューバの歴史はこういうのがある。グローバルな考えに強く興味があって、深く追求していきたい。そういうタイミングだったんです。『いいのが来た』と思いました」


山中の低い声が、薄暗い監督室に響いた。

「お前が、一度は飛び出したところに、もう1回、入ってくるようなもんだ。無理だよ」

そこで翻意するような決意なら、ここにはいないだろう。

「野球をやらせて下さい」

射貫くような視線に気づいた山中は、そこで大きくうなずいた。

「よし、足を崩せ」

それが、山中からの『入部承認』の合図だった。

「お前の経験してきたことを、今からすべて話せ」

不登校、引きこもり、高校中退、渡米、米国での生活、定時制高校、そして今。真剣に聞いてくれる山中の姿に、根鈴の心は震えていた。

「あの出会いがなければ、俺なんか、まともに扱ってもらえなかったんです。山中さんだからよかったんです。4年生よりも1歳年上。そんなの、爆弾をぶち込んだみたいなもんですからね」

世界で戦ってきた体験。そこで見た日本との違い。山中も、根鈴にそうした体験を説明したという。

「異質なものが入るのは、大学には必要なんだ。思う存分やってくれたらいい」

23歳の1年生は、9月から正式に法大野球部の一員になった。

〝プロではなかった証明書〟が欲しい――。

依頼された側も、きっと戸惑ったに違いない。しかも、日本からのリクエストだ。それを、ブルージェイズは作ってくれた。

その手紙を、根鈴は今も、自宅で大切に保管しているという。

山中と根鈴

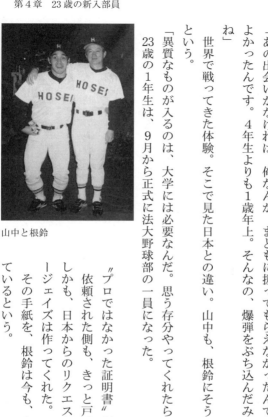

「僕は、この一筆がなかったら、大学で野球がやれなかった。それにしても、高校をドロップアウトしてから、法大で野球がやれるまでの、そこまででも十分に〝奇跡〟ですよね」

日大藤沢高時代の恩師・鈴木博識が、団野村を紹介してくれた。

団野村が、スカウティング・リーグを教えてくれた。

新宿山吹高時代の恩師・森勇二が、法大進学を勧めてくれた。

山中正竹が、野球部入部を受け入れてくれた。

人と出会い、人の導きで、次へのステージへと上がっていく。

自らのその軌跡を、根鈴は笑いながらこう表現した。

「ロールプレイングゲームのようですよね」

ジョン・コールからのエアメールは、まさしく、次のステージへと駆け上がるための〝魔法の呪文〟でもあった。


「ガチで、18歳と同じことをやったんですよ」

根鈴は、練習の2時間前に同級生たちとグラウンドに集合し、レーキで土をならし、トンボで表面を整えた。

心労と暑さで、体重は80キロを割り、入部2週間後に「ぶっ倒れました」。

それでも、必死だった。

先輩たちだって、4年生よりも年上の1年生に、どう接していいのか分からなかったはずだ。ちょっとしたミスや不手際があると、1年生全員が招集される連帯責任の『集合』が、根鈴の入部後にはなくなったという。

そうした距離感を互いに模索する中で、根鈴は、ある先輩に呼びつけられたことがあったという。

「おい、根鈴、ちょっと買ってこい」

ジュースの買い出しを命じられた。

根鈴は、それがやたらとうれしかったのだという。

「なんか、やりやすい空気でした。そもそも、定時制高校の時なんか、年齢がぐちゃぐちゃじゃないですか。だから、僕自身は何ともなかったんですよ」

日大との練習試合が組まれた。

試合前に外野で球拾いをしていた1年生の根鈴は、敵将のところへ走り寄り、帽子を取って、深々と頭を下げた。

日大藤沢高の監督だった鈴木博識は、根鈴が法大に入学した1996年（平成8年）春から、母校・日大の監督に転身していた。

法大合格が決まった直後、根鈴から電話があったという。

「その時に『法大に受かりました』というのじゃなく『高校を卒業できました』なら、彼を日大で獲ろうと思っていたんです」

日大が所属する東都リーグは、東京六大学とは違い、指名打者（DH）制が採用されていた。投手が打順に入らない代わりに、打力重視で、守らなくてもいい選手を1人使えるのだ。

「根鈴なら、1年生でも『4番・DH』ですよ。でも、彼の中にはどこかで『六大学』というのがあったんでしょうね。定時制から法大なんて、そもそも、いないもんね」

鈴木は、根鈴の〝復活〟を、心から喜んでいた。

日大には、系列校の日大藤沢高から進学している選手も多い。

4年生の中に、根鈴の高校時代の後輩がいた。

「えっ？　法大ですか？　1年生？」

不登校、引きこもり、そして高校中退。よほど親しくなければ、その後のことなど、風の噂で聞く程度だっただろう。高校野球を全うしていないその先輩が、名門大学で球拾いをしている姿は、にわかに信じがたい光景だったかもしれない。

「だって、そこまで、ひとつもまともに来ていなかったんですもんね」

1996年（平成8年）。

根鈴が法大野球部の一員となったその頃、イチローは日本の野球界の話題を独り占めしていた。

3年連続でのパ・リーグMVP、そして首位打者。

前年に続き、パ・リーグ連覇を果たしたオリックスは、日本シリーズでも巨人を破り、19年ぶりの「日本一」に輝いた。

その中心には、まぎれもなくイチローの存在があった。

同級生の背中など、その時の根鈴には、全く見えていない。

第5章　黒いポルシェ

川崎市中原区にある法大グラウンドから徒歩で数分。

ＪＲ武蔵小杉駅にほど近い閑静な住宅街の中に、法大野球部の合宿所がある。

根鈴雄次が、その合宿所で仲間たちと寝食を共にする「寮生」へと〝昇格〟したのは、３年生の途中のことだった。

それまでは、自宅から練習にやって来る「通い」の選手だった。

自宅から法大グラウンドまでの経路を尋ねてみると、思いもよらぬ答えが返ってきた。

手前が「黒いポルシェ」。後ろのネットは、現在、根鈴が経営する「根鈴道場」（終章で詳述）

「グラウンドに電車で行ったのは初めの２回くらいで、後は先輩に内緒で、車でした」

しかも、その車というのは、黒のポルシェだった。

１９７２年式の９１１型。左右のフロントライトが、ボンネットの両サイドに垂直に据え付けられている。まさに「昔のポルシェ」ともいえる特徴的なスタイルの外車に乗り、４年生よりも年上の１年生が、練習にやって来るのだ。

「僕らが入学した直後も、いつも、一人だけ違うジャンパーを着ていたんです。それも真っ黒。法政のじゃないやつですよ。だからコーチかと思ったんです。4年生にも見えませんでした。後で聞いてみたら、2年生で、23歳とか24歳でしょ？　しかも、近くでよく見ると、体のパーツがでかいし、いつもシャツの腕、まくってましたしね。風貌も、態度もでかい。訳が分からなかったですよ」

そう振り返ったのは、法大の1年後輩・佐藤隆彦だ。プロ野球の西武、ロッテ時代に「G.G．佐藤」の登録名で活躍した選手といえば、すぐにピンとくる野球ファンは多いだろう。佐藤は法大時代、根鈴に教えを請い、ウエートトレで肉体改造に成功し、卒業後には米マイナーへ挑戦した。

根鈴の背中を追い続けてきた愛弟子の第一印象ですら、不可解な、どこか謎めいた先輩というものだった。

根鈴が黒いポルシェを手に入れたのは、日大藤沢高を中退し、米国に渡っていた時の、ちょっとしたアルバイトがきっかけだった。

日本のディーラーが、ポルシェを3台、サンディエゴに買い付けにやって来た。その時、根鈴がディーラーをアテンドし、業者との通訳まで務めたという。

その3台のうち、1台が購入キャンセルになった。

「根鈴君、乗らない?」

そのディーラーは、米国でのお礼代わりとして、日本に帰国していた根鈴に声を掛け、根鈴が乗っていた中古の日本車とポルシェを交換してくれたのだという。

個性的な型のポルシェより、日本車の方が、手っ取り早く現金化できるというディーラー側のビジネスの都合もあった。

根鈴にすれば、断る理由は全くない。何ともお得な〝取引〟の末に、憧れの外車を手に入れた。

若き日の想い出が詰まったクラシック・カーを、根鈴は大学を卒業してからも、ずっと、大切に乗り続けている。

1年後輩の廣瀬純《ひろせじゅん》は、その助手席に乗り、根鈴と一緒に、大学時代、トレーニングジムへ通い続けた。

「あの油のにおい、今でも覚えていますよ。古いポルシェだったんです。でも、大学生で、なんでこんな車乗ってんだって」

法大野球部の合宿所が、2001年(平成13年)に建て替えられる前の〝旧合宿所〟の裏に、小さな空き地があった。

そこに、いつも「黒いポルシェ」が駐まっていた。

スポーツカーだけに、エンジン音が実にうるさい。

同級生で、後に根鈴が副将となった４年時、主将としてコンビを組んだ小坂将商《こさかまさあき》も、黒いポルシェの印象が、やたらと強いという。

「あ、根鈴や。そんな感じでしたね。普通のヤツなら『そんなんヤバイやん』ってなるんですが、根鈴やから『あ、こうなんや』と。そんなのも気にしないし、みんなが個性を持ってる。法大が１つになるってのは難しいんですよ。トップクラスが集まっている。個々の能力がすごいし、上の学年を見ていても、まとまってる感じはなかったですしね。山中監督という大きな存在があって、試合では１つになるんです」

体、風貌、態度、車。

どれを取っても、他の野球部員とはひと味もふた味も違う。

異彩を放ち続けていた、個性の塊のような男の懐へ最初に飛び込んだのは、エリート中のエリートの後輩・廣瀬だった。

２０１８年（平成30年）２月、宮崎・日南市天福球場。

東京にも大雪を降らせる大寒波が、何度となく日本列島を覆った影響で、２月初旬の南国の

廣瀬純・広島東洋カープ、1軍外野守備・走塁コーチ（右）と根鈴

キャンプ地の気温ですら、10度にも届かない日が続いていた。

その寒さを、まるで気合で吹き飛ばすかのような、熱い、野太い声が、グラウンド中に響き渡っていた。

「おらー、いくぞ」「走れー」「もうちょっとだー」

背番号「75」は、ノックバットを振り、数十メートル先にいる選手に向かって、高い飛球を立て続けに放っていた。

この年から、廣瀬は広島の1軍外野守備・走塁コーチとして、2年ぶりにグラウンドへ戻っていた。分厚い胸板と、日焼けしたその精悍な顔つきは、現役選手と見間違うほどだ。

築き上げてきたキャリアは、実に輝かしい。

法大3年時の1999年（平成11年）、春季リーグで東京六大学史上9人目の三冠王を獲得。4年時には主将、さらにシドニー五輪の日本代表にも選出された。

広島での現役生活は16年間、978試合出場、通算打率・273、51本塁打、253打点。勝負強いバッティングで、2013年（平成25年）には「15打席連続出塁」のプロ野球記録も樹立している。

２０１６年（平成28年）に現役引退すると、１年間、中国放送の野球解説者として外から野球を勉強し、２０１８年から指導者としての第一歩を踏み出した。

順風満帆、まさに理想的な野球人生を送っている。

その廣瀬は、自他共に認める「根鈴道場の一番弟子」だった。

「一言で言うなら『きっかけ』を与えてくれた人です。あの『きっかけ』がなければ、今の僕はありません。カープで16年も野球はやれていないどころか、大学で辞めていたかもしれません」

根鈴の経歴がアウトローであるならば、廣瀬はその真逆。野球界のエリートコースのど真ん中を歩んできた。

１９９６年（平成８年）夏、廣瀬は大分県立佐伯鶴城高のスラッガーとして、同校を10年ぶりの甲子園出場に導いた。

その佐伯鶴城高は、当時の法大監督・山中正竹の母校だった。

東京六大学の通算最多記録となる48勝を挙げた左腕は、偉大なる大先輩だ。廣瀬にとって、法大へ進学することは「山中さんのところに行くんだな」と言われることでもある。高校、さらには大学の「直系の後輩」という強い絆は、野球界で生きていく上で、大きくモノを言うのだ。

エリート集団の法大の中でも、さらに選りすぐりの存在ともいえる廣瀬が、根鈴に相談を持ちかけたのは、自身の2年秋のリーグ戦が終わった1998年（平成10年）冬のことだった。

「最初、絡みづらかったんです」

廣瀬と根鈴。学年は1つしか変わらないが、年齢は6歳も違う。

「初めて会った時、もう24じゃないですか。18歳の僕らからしたら、おっさんですよ。体はでかい。あり得ない雰囲気の人でしたし、筋骨隆々。特殊ですよね。びっくりしました」

不登校、引きこもり、高校中退、渡米、定時制高校、そして法大。

廣瀬には、全く想像もつかない経歴だった。

しかも、体つきが、他の選手たちと全く違う。175センチの身長は、野球選手にしては決して大きくないが、ウエートトレーニングで作り上げた筋肉の鎧をまとい、体重は85キロ。野球選手のイメージではなく、むしろラグビーのフォワードのような体形だ。

「僕だけじゃなかったでしょう。みんなが、年上の不思議な人だと思っていたでしょうね」

その〝謎の先輩〟の強烈なパワーを目の当たりにしたのは、1998年の春季リーグ、慶大との一戦だった。

3－5の2点ビハインドで迎えた9回裏。1死一、二塁のチャンスで、山中が告げた代打は、3年生の根鈴だった。

その時、2年生の廣瀬は、代走として一塁ベース上にいた。

ストライク、ボール、ボール、ファウル。

5球目、内角を突いた球が、根鈴の腕をかすめそうになった。

それでも、根鈴はびくともしない。球が当たったところで、はじき飛ばしそうな二の腕をしている。

向かっていく気持ち。その迫力が全面にあふれていた。

カウント3ボール2ストライクからの6球目。

四球を出したくないという相手投手の気持ちが、コントロールを狂わせたのだろう。ストレートが、真ん中高めに浮いた。

乾いた打球音とともに、フルスイングから放たれた打球は、神宮の青空の中へと吸い込まれていった。

リーグ史上9人目の「逆転サヨナラ弾」。

代打に限れば、リーグ史上でも2人目という大快挙だった。

高い放物線を描いた打球は、右翼席中段にまで届いた。ホームランを告げる審判の右腕がぐるぐると回った時、根鈴はすでに二塁ベースのところまで走っていた。

試合後のヒーローインタビューで、アナウンサーが根鈴に「滞空時間が長かったですね」と質問していたほどだ。

「そのために鍛えているんで」

根鈴は、涼しい顔でそう答えていた。

その飛距離と、打球の高さに、廣瀬も衝撃を受けていた。

どうして、あんなに打球が高く上がるんだ。

俺の打球は、あんな放物線を描いたことがない。

あの人と俺では、一体、何が違うんだ——。


その年の冬、法大は米国遠征を行った。

数十万円の費用がかかる。参加を迷っていた根鈴に、監督の山中は「お前、英語ができるよな。通訳としての仕事もやってもらうからな」と告げ、選手兼通訳の根鈴から遠征費を取らなかった。

米国に、根鈴を連れて行く。そのことで、他の選手たちにまた違った刺激を与えることができるかもしれない。

その狙いを、山中は説明するわけではない。

山中は、ただ〝化学変化〟が起こりやすい環境を整えるだけなのだ。そこから、何かを引き出すのは選手自身だ。

根鈴と廣瀬は、遠征中に同部屋となった。

「その時、初めてじっくり話したんですよね」

根鈴の打撃理論と、体作りの秘訣。

心のスポンジに、そのエキスがぐいぐいと吸収されていく。

廣瀬にとっては、目を見開かされるような話ばかりだった。

〝山中の直系〟は、伸び悩んでいた。

大学2年間で、リーグ戦でのヒットはわずか2本。

「どうしても、軸回転でバッティングができなかったんです」

マウンドから本塁まで、18・44メートル。

投手の手を離れ、捕手のミットに届くまで、時速150キロの球なら、わずか0・42秒。

大学生のアベレージともいえる140キロでも、0・45秒だといわれる。

一方、プロレベルのスイングスピードは、0・17秒から0・25秒。大学生レベルなら、その下限と見るのが妥当だろう。

球を見極め、スイングをするか、見送るか、耳や目が情報を受け取り、脳がインパルスを出して筋肉や体を動かす、そのための判断時間は、0・25秒といわれる。

ボールが来る。よし、打つぞ。バットを一振り。

この一連の動きに、計算上では0・5秒を要するのだ。

つまり、投手の手からボールが離れた瞬間に打者がスイングを始めても、バットでその投球を捉えることはできないのだ。

その「0・05秒」を、どうカバーするのか。

ここに来るという、データ分析による「配球の読み」と、振り遅れないための「スイングのスピード」を上げる必要がある。

「バッティングが、面白くなかったんです。飛ばないんです」

廣瀬は、大学生の投球に対して力負けしていた。

フルスイングすると、自分の体がついていかないのだ。

「スイングすると、前に動く、頭が動くんです。そうすると軸がぶれる。コマのようにぱーんと回れないんです」

　だから、打球が飛ばない。

「このままだったら、俺は代走と守備要員で終わってしまう」

　当時、廣瀬の体重は75キロ。他の選手たちと比べても体のサイズは見劣りし、山中からも「打てないと使えん」と〝最後通告〟を受けていた。

「何かを変えないといけない。パワーがどうしても足りない」

　最大の弱点を、どう克服するのか。その解決策を、筋肉の塊のような先輩から見いだせる気がしたのだ。

「何かを変えよう。肉体改造しよう。そう思ったんです」

　やったことのないことに取り組む。高校時代、ウエートトレーニングなど、本格的に取り組んだことはなかった。

　肉体を変える。そうすれば、動きだって変わる。

　それが、吉と出るのか凶と出るのかは、自分にも分からない。

「このまま行ったら、終わってしまう」

　その危機感だけが、廣瀬を突き動かしていた。

「僕に、ウエートトレを教えて下さい」

〝山中の直系〟という、法大の中でも、まさにエリート中のエリートの男が、根鈴の「一番弟子」になったのだ。


かつて、野球界では「ウエートトレなど必要ない」と言われた。

野球と関係のない筋肉をつけると、プレーの邪魔になる。

胸の筋肉がつきすぎたら、バットが振れなくなる。

作られた筋肉は、ケガをしやすい。

トレーニングの理論からすれば、おかしな〝迷信〟ばかりだ。

それでも、これがまことしやかに伝えられていたのも、野球界の不可解なところでもある。

水なんか飲んだら、バテる。

練習中、あの手この手で水を隠れて飲んだことが、元プロ野球選手たちの苦労話を彩る、欠かせないエピソードにもなっている。

しかし今や、水分はこまめに摂らないといけない。

かつての常識は、現代の非常識となっている。

ただ、廣瀬が法大でプレーしていた頃は、まだまだ「ウエートは邪道」という時代だった。

だから、廣瀬が根鈴に〝弟子入り〟したことを、周囲は危惧していたのだ。

「どうしたん、廣瀬？」

何度も、廣瀬は聞かれたのだという。


打撃論を、2人は徹底的に交わした。

「軸で回りたい。コマのようにぱーんと回りたい」

廣瀬の狙いを、根鈴は即座に理解した。

体の軸を安定させ、スイングのスピードを上げる。

そのためには、体全体のパワーが必要になる。

そのパワーをつけるためには、体の軸となる「体幹」を鍛え、ウエートトレーニングで、体全体に筋肉をつけなければならない。

「力はいらない。その場で回ればいいんだ。筋肉がついたら、面白いくらい飛ぶよ」

目的から、やるべき手段をたどっていく。

当たり前のことを、根鈴は順々に説いた。

「変えないといけない。そうしないと通用しない。その覚悟がなければ、根鈴さんとは関わりを持たなかったと思います。でも、根鈴さんは、情報と知識を持っていた。僕は、はまりましたね。狂ったように、トレーニングしていました」

廣瀬は、根鈴の理論に納得した。目の色が変わった。

「ホント、つきっきりでやってもらったんです」

後輩の思いに、根鈴も全力で応えようとしていた。


東急田園都市線の長津田駅前に〝虎の穴〟があった。

根鈴が「不登校」の時期に通い始めたトレーニングジムだ。

川崎市にある法大の合宿所からは車で45分。

練習が終わると、根鈴の愛車、黒いポルシェがうなりを上げる。

廣瀬は、数人の「根鈴軍団」と一緒にポルシェに乗り込み、根鈴の運転で、毎日のようにジムへ通った。

2階では、一般の人たちがトレーニングをしていた。

廣瀬が訪れたのは、もう1つ上のフロアだった。

中村俊輔、川口能活《よしかつ》ら、後に日本代表でも活躍するサッカーのJリーグ・横浜マリノス(現・F・マリノス)の選手たちが、汗をだらだら流しながら、筋力トレーニングに取り組んでいた。

うっかり一般の人たちが3階に上がってくると、有名人がいること以上に、その迫力の前に立ちすくみ、慌てて下のフロアへ降りていくのだという。

そこは、アスリートだけが集う、本物のトレーニング場だった。

廣瀬は、その光景に息をのんだ。

根鈴の体の方が、スタンダードだったのだ。

「胃の中を、空っぽにするな」

「常にエネルギー源を入れておけ」

師のアドバイスをもとに、廣瀬は一日６食も摂った。

小腹がすけば「菓子パンにプロテインを挟んで食べました」。

ゆで卵の黄身を取り除き、高タンパクの白身だけを食べた。

トレーニング直後が「ゴールデンタイム」と言われる。

筋肉がパンパンになった状態のところに、肉類などの高タンパク質を摂取すると、トレーニング効果が上がるのだ。

日に日に、面白いくらいに体が変わってくるのが分かった。

75キロしかなかった体重は、翌春には91キロにまで増えた。

ユニホームはぱんぱんになり、これまで持っていた洋服がすべて着られなくなった。

筋肉の鎧をつけた廣瀬は、明らかに変わった。

法大グラウンドの左翼奥に、通称「田淵ネット」がある。

１９６５年（昭和40年）から68年（同43年）にかけ、通算22本塁打という、東京六大学の本塁打記録（当時）を樹立した偉大なる先輩・田淵幸一の飛距離があまりにもすごく、他部の練習の妨げにならないように張られたものだ。

本塁から左翼ポールまでは、およそ96メートル。

そのポール付近から、三塁側のファウルゾーンを取り囲むかのように、高さ10メートルほどのネットが張られている。

三塁側にはホッケー場、左翼奥には陸上競技場。

つまり、右打者が引っ張った勢いのある打球が、そこへ飛んでいかないようにするための防護ネットだ。

その「田淵ネット」を越え、６レーンあるアンツーカーの陸上トラックのところまで飛ぶと、それこそ、１３０メートル近い飛距離になる。甲子園球場や、福岡ヤフオク！ドームのバックスクリーンへの本塁打に相当する飛距離だ。プロのホームラン打者でも、そこまで飛ばせる選手は、なかなかいない。

「そんなの、越えたこともなかったのに、ぽんぽん越えるようになったんです。飛距離がすべてではないです。でも、その体を手に入れたんですね」

廣瀬の打球が、恐ろしいばかりに変貌していた。

筋骨隆々の体に、他校の選手たちが仰天した。

「結果が出ると、成長曲線が上がっていくじゃないですか。次はじゃあ、率を上げたい。次のステップですよね。体が変わったことで見えるものが変わったんです。立ち位置が変わって、いろいろな情報も入ってくる。必然なんですね。理由があるんです」

パワーがついて、振り負けなくなると、打席での余裕が出てきた。

１９９９年（平成11年）春のリーグ戦。

廣瀬は、パワーあふれるバッティングで、他校の投手たちを圧倒した。

打率・４３２、３本塁打、13打点。

戦後９人目の「三冠王」の座についたのだ。

２年間で、わずかヒット２本。守備要員に過ぎなかった選手が、ひと冬越えただけで、完全に別人に変わっていた。

「お世話になった方、尊敬する方は何人かいますが、その中の１人が根鈴さんです。根鈴さんがいなかったら、三冠王だって獲れていないし、五輪にだって行ってない。出会わなければ、なかったんです。人生の中で僕が変わる『きっかけ』を作ってくれたんです」

集団で行動するペンギンの群れの中から、天敵がいるかもしれない海へ、魚を求めて、1羽のペンギンが最初に飛び込む。

リスクを恐れずに、初めてのことに挑戦するベンチャー精神の持ち主を、米国では敬意を込め「ファースト・ペンギン」と呼ぶ。

廣瀬はまさしく、その「ファースト・ペンギン」だった。

右が法大時代のG.G.佐藤。手前が根鈴

「ちょっと突出していると、周りからひかれる。『お前、何やってるの』って。でも結果が出ると、周りは変わるんです。根鈴さんの体を見て、努力の塊だと思ったんです。何かがある。トレーニングで秀でているからこそ、何かがあると」

その廣瀬の変身に「感動した」という〝セカンド・ペンギン〟が出現した。

「右にならえですよ。ブームがきました」

佐藤隆彦。プロ野球界では「G・G・佐藤」の登録名の方が、ファンには浸透しているだろう。

神奈川の強豪・桐蔭学園で主将も務めた身長185センチの大型遊撃手は、法大でもまさしく期待の星だった。監督の山中も「普通にやれば、プロにいける素材だと思っていました」と、佐藤の高いポテンシャルを感じ取っていたという。

しかし、法大ではレギュラーポジションをつかみ切れない。

「キャラがかぶっちゃったんですよ」

同級生の阿部真宏（元・近鉄～オリックス～西武、現・西武1軍打撃コーチ）との、遊撃のレギュラー争いに敗れ「野球、諦めちゃおうと。追っても抜けないいんですよ」。行き詰まりを感じてしまった2年時には「一度、腐っちゃったんですよ」。とうとう、練習にも行かなくなった。

もう、野球なんかやってもしょうがねえや。

投げやりになりかけていた頃だった。

「お前、手足長いじゃん。ホームランバッターになるのを諦めちゃだめだよ」

そう話しかけたのは、根鈴だった。

「あの人、遠くへ飛ばすのは、大学でナンバーワンでした」

法大では全体練習が終わると、個別練習の時間になる。

先輩がフリー打撃をすると、後輩たちは球拾いのため、外野フィールドに散らないといけない。しかも、打ち終わらないと帰れない。

「あの人、いつまでも打ってるんです。『はよ終われ』って思っていました。一体、何がそんなに面白いんだと」

早く終わらせようと、他の仲間たちと密談したことがあった。

「褒めたら、気分よくなって終わるだろ」

根鈴の打球が、ライトフェンスを越えた。

「すげー、根鈴さん、すげーよ」

みんなで褒めまくり、拍手した。

根鈴は、ヘルメットのつばに右手を当て、得意げにしている。

「よし、もっと打つぞー」

そこから根鈴は、気分よく、さらにがんがん打ち出したという。

「逆効果でした」

しかしその後、佐藤は「なんで根鈴さんが、あんなにアホみたいに打ちまくっていたのかが、分かりました」。

ホームランの快感。それは、打った者にしか分からない。

パワーを得たことで、佐藤もそれをつかめたのだ。

根鈴より6歳年下ながら、同じ8月9日生まれ。その奇縁にも導かれたかのように、佐藤は根鈴の「二番弟子」に名乗りを挙げた。

「僕にも、ウエートトレを教えてください」

その頃、根鈴も「通い」から「寮生」になっていた。

法大の合宿所で、二人三脚の〝変身計画〟がスタートした。

就寝した3時間後に、目覚まし時計を鳴らす。起きると、即プロテインを摂取。そして、また寝る。

3時間後、また目覚ましが鳴る。プロテインを摂る。

体を大きくするための〝食っちゃ寝〟の作戦だった。

「目からのイメージも大事だからな」

そう言われると、佐藤は自室の冷蔵庫に、ウエートトレの専門誌から切り抜いた、世界一のボディービルダーの写真を貼り付けた。

男ばかりの合宿所に、むきむきの男の写真。

「気持ち悪いっすよね」

廣瀬以上に、佐藤はのめり込んだ。

常識離れした生活を3カ月も続けると、佐藤の体重は一気に15キロも増え、打球の勢いが完全に別人のものとなった。

「体重80キロで打つのと、95キロで打つのでは、全然違うんですよね。打球が、異常に飛ぶようになったんです」

レフトスタンドの奥に陸上競技場があり、6レーンあるアンツーカーのトラックに囲まれた芝生フィールドの中で、アメリカンフットボール部の選手たちが練習している。

そのトラックとフィールドの切れ目のところに、球拾い要員の野球部員を、3人立たせていた。

しかし、佐藤の打球はその3人の頭上を楽々と越え、アメフトの練習中のフィールド内に、ポーンと跳ねた。

「危ねーじゃねーか」

アメフト部の屈強な男たちが怒りをあらわにして、野球部に怒鳴り込んできた。それは、裏を返せば、佐藤の飛距離がすごすぎるゆえの抗議でもある。怒られているのに、誇らしくなってしまう。

「もう、ちょー、気持ちいいんですよ」

佐藤も、見事なまでに変身した。

「感触のよさ、たまらないんです。追い求めるんですよ。これが大観衆の中で体現する時、最高っすよ。のめり込みましたね」

根鈴も、佐藤の急成長には驚かされたという。

「GGの成長を見て、僕も確信できたんです。フィジカルで、これだけ変われる部分があるんだと」

廣瀬、佐藤、根鈴。ボディービルダーのような、パンパンの二の腕と胸板で、驚くような打球を放っている。

廣瀬も佐藤も、レギュラーから外されかけた選手だったのに、豹変している。それを見て、感化されない方がおかしいかもしれない。

「だいたい、補欠がやるんですよ。うまいやつはやらない。だから補欠が異様に体がデカかったんです」

佐藤が、笑いながら明かしてくれた。

廣瀬、佐藤。その変身ぶりを間近に見て、ベンチ横にいる背番号のない、バット引きと呼ばれる補欠の選手まで、トレーニングを始めたのだ。だから、レギュラーよりも体格がよかったという。

「法大が来たら、神宮が傾くよ」

根鈴も佐藤も、何度となく他校の選手から冷やかされたという。

「廣瀬、GG。そういう連中たちは、根鈴の感化ですよ。練習法もそう、体つきもそう。それ以外にも野球観、世界観。大きな相乗効果が生まれたんです」

山中は〝根鈴道場〟を、一切とがめもしない。

ただ、見守っているだけだった。しかし、廣瀬も佐藤も、見た目からプレーまで、すべてが変わった。


小坂将商は、その後輩たちの変貌ぶりに、ひたすら驚いていた。

「廣瀬が〝爆発〟したのもありますよね。それにGG。隆彦は細かったんですよ。それが、あんなになった。どうしたらこんなになるんや。すごいと思いました。それで打球が飛ぶんですから」

ただ小坂は、廣瀬や佐藤のように手放しでは〝根鈴のやり方〟には、賛同できなかったという。

「その時代、ウエートトレ、あんまりやらない時代でした。僕は見ながら『それ、ええんかな。ちょっとちゃうやん』という感じがあったんです」

根鈴は、渡米中の〝メジャーとの接触疑惑〟で、連盟の登録手続きが遅れていた。それでも、

４歳年上の同級生がそのうち入部してくるというのは、同級生の間で大きな話題になっていたという。

小坂も、廣瀬や佐藤と同じ「エリート」だった。

奈良・智辯学園で、主将として３年夏に甲子園ベスト４。

法大でも主将に選ばれ、４年春と秋のリーグ戦では、外野手のベストナインに選出されている。

社会人の松下電器（現・パナソニック）で5年間プレーした後、母校・智辯学園のコーチになり、２００６年（平成18年）から同校監督に就任。２０１６年（平成28年）のセンバツ大会を制した。

39歳の若さで、甲子園の優勝監督に輝いたのだ。

２０１８年（平成30年）、プロ野球史上最年少の22歳で「打率３割、30本塁打、１００打点」を記録した巨人・岡本和真は、小坂の教え子の一人でもある。

山中は、アマ球界の王道をまっしぐらに歩み続けている小坂を主将に、そして、副主将に根鈴を指名した。

エリートとアウトロー。何とも奇妙な組み合わせだ。

主将・小坂将商（左）と副将・根鈴

「遊び心ですよ」

山中は、含み笑いを浮かべながら、その狙いを明かしてくれた。

「小坂は、みんながこいつについて行くという感じではなく、支えてやらないと不安、そういう存在です。強烈なリーダーシップはなかった。全幅ではない。不安があったから、僕は根鈴をつけたんです。小坂は能弁じゃない、ぼそぼそとしゃべるような男。でも愛すべき人間。周りは小坂に対して、イヤなやつだとか、嫌いなやつだとか、そういうことはないと思うんでね」

山中は「小坂に会ったら分かりますよ」と付け加えてくれた。

小坂に取材を申し入れると、快諾してくれたどころか、取材予定日の前日に、こちらが確認すべきスケジュールに関して、小坂の方から先に電話が入って「大丈夫ですか？」。

当日も、待ち合わせの2時間前にメールが入り「出発しました」。

集合場所近くに到着すると「ここにいます」。

気遣いの塊のような、そして、人当たりのいい男だった。

「根鈴は、話をしたら、いろんな考えを持ってるんです。年上だと『年下のくせに』みたいな感じが出てしまうのに、それがなかったですね。度量が広い。そういう感覚でした」

4歳違う。それでも最初から「呼び捨てでした」。

ポルシェに廣瀬や佐藤が乗り、ジムに行く。

そんな〝部内派閥〟のような状況も、小坂は見守っていた。

「あいつ、後輩を連れて行って、飯も食わしてますからね。ま、飯の食い方が、ちょっと違いますけど」

前述のように、トレーニング直後の30分ほどを「ゴールデンタイム」といい、この間に、良質のタンパク質を摂取することで、トレーニングで傷ついた筋肉を蘇生させ、さらに栄養分の吸収が促進され、トレーニング効果をより高めることができるという。

トレーニングを終えた佐藤は、ジムの近くのファミレスに駆け込むと、チキンステーキの定食の「ご飯抜き」を2つ頼むのだという。

つまり、おかずだけを2つ。注文を取りに来た女性店員が、不思議そうに、佐藤の顔を見ていたという。

そんな個性派の後輩たちを、根鈴がきっちりとまとめている。

「主将と副将が、逆でもよかったと僕は思うんです。いろんな個性の強いヤツばかりでしたからね」

そう謙遜する小坂には、部全体を俯瞰できる冷静な目があった。

もう一人の副将・佐野比呂人も、4年春に二塁手でリーグのベストナインに選出され、卒業後も社会人のトヨタ自動車で活躍するなど、職人気質のトップレベルのプレーヤーだった。

「3人ともタイプが違いました」と小坂。部内のマネジメントという観点からすれば、まさしく絶妙なバランスが取れていた。

山中の〝慧眼《けいがん》〟は、さすがだ。

根鈴は、同級生の小坂の体を、やたらに触ってきたという。

「自分は、筋肉質だったんです。だから根鈴は『トレーニングしなくてこれなら、やったらすぐなるよ』って」

しかし小坂は、廣瀬や佐藤のように〝根鈴側の岸〟に、ぱっと渡ってみる決心がつかなかった。

「怖さがあったんです。筋肉つけて、ええんかな……と。時代ですよね。昔は、そんなことしてないで走っとけと。投手なんか、絶対にやらなかったですよ」

それでも、根鈴のバッティングを徹底的に研究したという。

「根鈴は、打ち損じても、打球にドライブがかかっているんです」

単なるファウルなのに、滞空時間が長い。打球にスピンがかかっているから、高く舞い上がるのだ。

小坂の目を引いたのは、インパクトの瞬間だった。

グリップの「上の手」の動き、左打者の根鈴は「左手」の動きが何とも絶妙だったというのだ。

ボクシングのストレートパンチを相手に打ち込む。その時、真っすぐに拳をたたき込むのではない。当たる瞬間、右手なら反時計回り、左手なら時計回り、つまり親指と小指の位置を入れ替えるかのように回転させ、拳をぐいっとねじ込む。

その動きが「回旋」だ。

インパクトの瞬間、グリップの「上の手」で、バットを押し込むような動きが、まさしくこれにあたる。

そうすると、バットのヘッドに、上から下への回転がつく。

この動きの中で、ボールの下半分を叩く。

すると、回旋するバットの動きに沿うように、ボールが上がっていく。鋭いスピンがかかり、打球に浮力がつき、それが、飛距離につながっていく。

つまり「上の手」の一押しが、打球の伸びを生むのだ。

野球の理論では、腕が伸び切ったところでインパクトを迎えると言われる。米国でも「エクステンション」というが、根鈴のバッティングを研究する中で、小坂には大きな気づきがあった。

「インパクトの時、少しひじが曲がってないとだめなんです」

曲がっている〝余裕〟が、最後の一押しを生む。その押し切った後に、両腕が伸び切る。それが真の「エクステンション」だ。

「金属だったら、腕が伸びたところで（バットにボールが当たって）も、スタンドに入るんです。衝突ですよ。でも、木のバットだったら、それでは入らないんです」

根鈴のフルスイングは、バットを力いっぱい、ただ単に振り回しているのではなかった。

「こういう打ち方だから、こういう考えなのかと」

投球を見極め、少しでも手元まで引きつけて打つ。そこで体を、そして腕を鋭く回転させる。そのパワーが必要になってくるからこそ、筋肉をつける。

小坂が、その〝根鈴理論〟に気づくのは、社会人の松下電器（現・パナソニック）に入社してからだった。

入社すると、小坂はまずダイエットをさせられた。無駄な脂肪を取り除くと、今度はウエートトレーニングを課された。

入社当時、ベンチプレスで70キロしか上がらなかったというのに、半年で１２５キロまで伸びた。すると、打球が変わった。

右打者の小坂にとって、逆方向といわれる右中間に、弾丸ライナーでホームランをたたき込めるようになった。

根鈴、廣瀬、佐藤。

３人が、喜々として打撃練習をしていた気持ちが、初めて分かったという。

「これかと。あいつらが思っていた感覚かと。飛ぶ、それが快感なんです。それをやりたいと思うんです。これは、やった人しか分からない。早く気づけばよかった。そう思いました」

智辯学園でも、体の細い高校生に、小坂はウエートトレに取り組ませる。練習には、ウエートトレの時間も設けている。

根鈴が、廣瀬が、佐藤が取り組んでいた。その変化を間近で見続けてきた。そして、自分も社会人で〝それ〟が分かった。

「今は、体が細かったら『ウエートをやれ』って言うんです。走らせたら、選手は反対にやせちゃうんですよ」

高校生も、筋肉がつき始めると、自分の体をトレーニング中に鏡に映し、盛り上がった筋肉をぱしぱし触り出すのだという。

見栄えもいい。男らしさが増すのも確かだ。

「そういうのが出てくると、放っておいてもやるんです。自分でやって、触って、欲が出てくる。僕も、その感覚を持っているからこそ、伝えられるんです。こういうやつもいたんだぞって」

こういうやつとは、もちろん、でっかい同級生のことだ。

〝セカンド・ペンギン〟ともいえる佐藤は、根鈴の信奉者でもあった。その生き様にも、大きな影響を受けていた。

卒業を前に、佐藤はメジャーのトライアウトを片っ端から受けていった。山中が勧めた社会人行きも、全く考えなかった。

「根鈴さんが、3Aでプレーしているのを、テレビで見たんですよ。ずっと見てました。かっこよかったし、刺激を受けました」

多摩川のグラウンドで行われた、フィラデルフィア・フィリーズの、日本でのトライアウト。佐藤は、根鈴が3A時代に所属したオタワ・リンクスのユニホームを借りて受験した。

ノックを受けた佐藤が、矢のような送球を返した瞬間、フィリーズのスタッフが「よし、終わり」。その強肩ぶりに、ショートだった佐藤を、キャッチャーとして再びテストするというのだ。

ロサンゼルスに場所を変えてのトライアウト。佐藤は、両親に渡航費を２人分準備してもらい、根鈴に同行してもらったという。

「お前は受かる、受かる。寝る前、あいつにそう言い続けてやったんです。寝られないって言うから」

愛弟子の挑戦を、根鈴は陰から支え続けた。

ちなみに、廣瀬が広島からドラフト指名され、背番号が「26」になったことを通達される電話を受けたのは、根鈴とジムに向かう黒いポルシェの助手席でのことだったという。

信じてついてくる後輩には、徹底して面倒を見る。

体育会の濃厚な人間関係にうまくなじめず、不登校と引きこもりを経験した末に中退。高校生活を全うできなかった男は、案外と親分肌だったのだ。

それは、一度は心が折れてしまった〝あの頃〟から、根鈴が心身ともに、たくましく成長したという証《あかし》なのだろう。

佐藤は、マイナーで３年間プレーした。帰国後の２００３年（平成15年）のドラフト会議で、西武から7巡目指名を受けた。

西武時代には、北京五輪の日本代表にも選出されるなど、押しも押されもせぬ主力選手に成長した。

2011年（平成23年）に西武を退団。

しかしこの男も、簡単に野球を諦めたりはしなかった。

翌2012年（平成24年）に、イタリアの「ユニポール・フォルティテュード・ボローニャ1953」へ入団。日本からイタリアという〝異例の転身〟は「どこへ行っても野球はできる」という根鈴のポリシーを、具現化したものでもあった。

イタリアでのシーズンを終え、佐藤が日本へ帰国した後、練習での打撃投手を務め、ウエートトレのパートナーを根鈴が務めた。その成果が実り、佐藤はロッテの入団テストに合格を果たした。

NPB退団、イタリア、そして再びNPBへ。

過去に前例のない、欧州経由でのカムバック。その快挙を誰よりも喜んだのは兄貴分、いや、師匠格の根鈴だった。

「GGが、後輩たちにまた新たな可能性を開いてくれましたね」

マイナー、西武、日本代表、イタリア、ロッテ。

根鈴の背中を、そのまま追い続けたかのような、山あり谷ありの野球人生だ。

佐藤は、大学を4年時に中退して、米国に渡るつもりだった。

「法大の補欠が、トリプルAですよ。アメリカ、たいしたことねえなと思ってましたよ」

根鈴さんが3Aなら、俺はメジャーだ。

そう思うと、一刻も早く、米国で勝負したくなった。両親から「卒業するまで行かせない」と叱責され、かろうじてやめたという。

「大学なんてくそ食らえだと思ってました。今は、聞いててよかったですけどね」

佐藤は、シングルA止まりだった。

3A、2A、1Aと続いていくマイナーの階層。つまり、佐藤はメジャーどころか、根鈴に〝2段階〟も及ばなかった。

「めちゃめちゃ、高い壁でした。厳しかったです。だから、トリプルなんて、ホントにすごいですよ」

2008年（平成20年）の北京五輪では、星野仙一監督率いる日本代表の一員にまで上り詰めた佐藤だが、根鈴への尊敬は今もなお、やむことはない。

「トレーニングを始めた時、マグワイア〈メジャーのシーズン本塁打記録〈当時〉保持者）がショートを守れば最高だと思ったんです。僕は、そういう選手を目指すと言ったら、山中監督は一切笑わなかったし、新しいことを否定しなかった。そういう環境が整っていたんです。可能性はみんなにある。決めつけちゃだめだ。それは、根鈴さんが教えてくれたんです。そういう（新しい）世界を見せてくれたのは、根鈴さんでした。それまで、ああいう考えの人に会ったことがなかったんです」

根鈴の大学通算成績は、25試合出場、36打数8安打、2本塁打、6打点。レギュラーの座はつかんでいない。

それでも、根鈴の存在感は際だっていた。

その成績以上に、残したものは大きかった。

小坂は、根鈴を見て、根鈴から得たものを今、高校生たちに伝え続けている。

「不思議な人間ですよ。あいつの歩んできた道はぐちゃぐちゃだったかもしれないけど、そこに芯が通っていた。変わってたヤツだな……とはなるけど、一緒にやってみて、10年後に〝こういうことか〟と。あいつを持ち上げるわけじゃないけど、あいつの言ってたことが、今の野球にかみ合ってきているんですよ」

メジャーでは、データ収集と分析の技術が上がったことで、各打者の打球傾向がコンピューターで即座に分析され、それに応じて相手が守備のシフトを敷くようになった。

ゴロだと、打球を処理されて、アウトの確率が高くなる。

それならば、しっかりと強いスイングで打ち、野手の頭を越えるような、長打の可能性があるフライを狙った方が、ヒットが出る確率も上がる。

だから、パワーアップのために、ウエートトレに取り組む。

ボールにスピンをかけ、打球を高く上げて飛ばす。

メジャーでは、この「フライボール革命」というコンセプトが当たり前のようになっている。

それを、四半世紀以上も前に、根鈴が法大でやっていたのだ。

「時代ですよね。動いているんです。そして、早く動いていたのが、根鈴ですよ」

当時は気づけなかった根鈴の先取性を、指導者になった小坂は誰よりも今、実感しているのだ。

佐藤、廣瀬、小坂。

根鈴と深く交流し、互いに影響を与え合った男たちは、長く、そして今なお、野球に関わり続けている。

「あいつには言ってないんですけどね」

小坂が、笑いながら言った。

「あいつと出会って、プラスでした」

小坂は、4年生になった頃、山中にこう聞かれたという。

「お前、どこに行きたいんだ」

就職先のことだ。法大主将、ベストナイン。この肩書に、山中という〝コネ〟がまぶされると、とてつもないルートが出来上がる。

「野球をやっている企業が減ってるのに、それこそ、山中さん、パパパパッと。顔広いですよ。あの人だから」

小坂は、松下電器（現・パナソニック）への入社が決まった。社会人野球の強豪でもあり、世界を代表する超一流企業でもある。

「山中さんの教え子」という看板は、恐るべき〝力〟がある。

その山中が、根鈴に勧めたのは、小坂のような企業への就職ではなく「新設校の野球部監督」だった。

「指導者に一番ふさわしい。あれだけの経験をして、ある意味で苦労もしている。家庭が難しい中で、彼は生きてきたんです」

ところが根鈴は、それを断った。

「アメリカで勝負したいんです」

万難を排し、野球部に入れてくれた恩師が勧めてくれた就職先を断る。これも、野球界の秩序からすれば、あり得ない暴挙だ。

それなのに、山中もおおらかだ。

「やっぱりか……と思いましたよ」

というより、そうなると思っていた節がある。

「バカ野郎、ここまでやってんだ、行け。そういう監督もいるでしょう。でも、何が幸せなのか分からない。根鈴は、どうしましょう……ではなく、生き方、未来像とかがしっかりしているものがあった。私の話を受け付けない世界がありました」

小坂も、根鈴が〝再渡米〟を決意したことに、むしろ驚きは感じなかったのだという。

「日本で終わりじゃないという感覚があったんでしょう。それを変に取る人間も出てくる。敵もいる。味方もいる。そこは、根性ですよね。腹くくってね」

２０００年（平成12年）１月30日。

根鈴は、成績を確認しようと、法大の総務課へ出向いた。

「アメリカ、行っても大丈夫ですかね?」

まだ「卒業」は確定していない。大学側も、むやみに卒業試験の結果を、個人に伝えることはできない。

ただ、根鈴が4年時に必要だったのは、残り「1単位」だった。

「根鈴君、頑張っておいでよ」

その瞬間、根鈴は腹を決めた。

「ありがとうございます。契約できるよう頑張ります」


オリックス・イチローのFA権取得は、翌2001年（平成13年）中の見込みだった。

その前に、球団がポスティング・システムを行使して、イチローをメジャーに行かせるのではないか？

その方が、移籍金を手にできる球団にもメリットがある。

イチローにとっても、1年でも早い方がいいのではないか。

プレーを差し置き、メジャー挑戦にまつわる臆測ばかりがシーズン前から飛び交っていた頃だった。

その同級生よりも、一歩先。

空港での記者会見など、もちろんない。

誰にも、全く騒がれることもなく、卒業式すら待たず、根鈴は再び、たった一人で、米国へ飛び立った。

第6章　未完の番組

「雄次にも会えるところがいいですね」

それが、鎌田雄介《かまたゆうすけ》からリクエストされた取材場所だった。

毎週日曜日、根鈴は愛息・風大《ふうだい》の所属するチームのコーチを務めている。練習場所は川崎市中原区の「旧日本ハム球団多摩川グランド」。合流する先は、必然的にその「多摩川の河川敷」になった。

硬式球での試合も可能なメーングラウンドを中心に、休日にもなると、軟式の少年野球チームから草野球まで、まさしく老若男女が織りなす、あらゆる野球が同時進行で行われている。

コーチのノックの打球を真剣に追いかけている小さなユニホーム姿の少年がいれば、ジャージ姿の大人たちが楽しそうにバットを振り、仲間たちが大笑いしているグラウンドもある。

練習の合間に、私と鎌田が話し込んでいた河川敷の土手に、根鈴が駆け寄ってきた。

「ここ、似ているんですよね、フロリダに」

あそこでも、ここでも、向こうでも、野球が行われている。

1つ1つに、ドラマがある。人々の生き様がある。

あの時の「フロリダ」にも、それがあった。

自分の可能性を信じ、たった一人で、がむしゃらに突っ走ってきた日々が、ありありとよみがえってくる。

「雄次」「鎌田君」

そう呼び合う2人には、2人で一緒に見た光景がある。2人だけが共有できる思いがある。それらのすべてを詰め込んだ記憶の箱のふたを開けた時から、2人を包む周囲の空気が、ふわりと、温かく変わっていくような感じがした。

鎌田雄介と根鈴

「雄次に会ったら、なんか、いろいろ思い出してきたよ」

その〝鎌田の記憶〟ともいうべき、1本の「番組」がある。

イチローを超えようとしていた、その「軌跡」が収められていた。

映像は、ベンチへと続く長い通路の遠景から始まった。

胸に「Ｏｔｔａｗａ」のロゴが縫い付けられたライトグレーのユニホームに身を包んだ根鈴が、ゆっくりと歩を進めてくる。

右手に握られているのは、黒色のバット3本。

そのわきには茶色のグラブが挟まれ、左手にコーヒーの入った白い紙コップを持っていた。

ベンチにつながる入り口が、逆光で白く光っている。

その光の中に、背番号「4」が消えると、場面が切り替わった。

青い空の下に、星条旗がなびいている。

「2000年　フロリダ」

白字のテロップを合図に、ナレーションが流れた。

イチローがメジャーに挑戦する1年前、
フロリダの片隅にあるこの寂れた野球アカデミーで
1人の日本人と出会った。
日本で野球を続けることができなかった彼は、
アメリカ野球の最底辺のこの場所で、
小さなチャンスをつかんだ。

「A　Baseball　Player」

2003年1月25日のクレジットが入った、およそ35分の映像。そのエンドロールのラストには、こう記されている。

「Directed by Yusuke Kamata」

鎌田雄介が企画し、自ら取材を行い、編集、構成したドキュメンタリー番組。その主役は、根鈴雄次だった。

2000年（平成12年）春から翌2001年にかけ、根鈴がメジャー昇格を目指し、マイナーでプレーしたおよそ1年間の全軌跡が、根鈴本人のインタビューとともに記録されている。渡米し、マイナー契約を勝ち取り、そこから一気に3Aまで駆け上がった2000年。スプリング・キャンプで、開幕メジャー枠を最後の最後まで争った2001年。時系列に従って、その時の光景と、心の内が明らかになっていく。

「イチロー」を、根鈴が超えようとしていたその時、鎌田は最も間近で、そのすべてを見続けてきた証人ともいえる存在だ。

「雄次のことだったら、何でも協力しますよ」

そう言って、快く取材要請を受けてくれた。

毎年2月に入ると、メジャーのスプリング・キャンプが始まる。

メジャーの各球団は、アリゾナかフロリダに、キャンプ用の「スポーツ・コンプレックス」

を設けている。

コンプレックスには「複数施設の入った大型ビル」という意味がある。その名の通り、広大な敷地内には複数の野球場があり、ブルペンやトレーニング施設、ロッカーなどが設置されている。

いわば、野球をするための一大基地だ。

投手陣は中旬、野手陣は下旬に集まり、そこからシーズンに備えてのチームプレーの確認や、個人の強化練習を行う。ただ、開幕へ向け、独自のペースで調整ができるのは、それこそメジャー契約を結んだ、ごく一部の主力選手だけに認められた特権だ。

根鈴には、何のツテも、コネも、実績もない。

日本から来た単なる一プレーヤーは、パフォーマンスを見せ、実力を評価してもらい、とにかく契約を勝ち取らなければならない。

根鈴と同じ立場の選手は、それこそ山のように存在する。

ドミニカ共和国、ベネズエラなど中南米、イタリアやオランダといったヨーロッパなど、世界各国のプレーヤーたちがメジャーでのプレーを夢見て、まずはフロリダかアリゾナを目指すのだ。

彼らは、球団から呼ばれて来るのではない。自らの意思でやってここに来る。そこで、実力と情熱をアピールする。

しかもそれは、メジャーの枠に入るためではない。その枠に入る戦いへの参戦権をつかむためのサバイバル戦だ。

一緒に戦っていた仲間が、明日にはいなくなっているかもしれない。弱肉強食の世界には、身分の保障など全くない。クビになってしまえば、もう、それでおしまいだ。

それでも世界各国から、根鈴のような男たちが集まってくる。

夢を目指す闘いは、長く、遠く、そして過酷なのだ。


２０００年（平成12年）。

根鈴は法大の卒業式を待たず、２月に入ると自費で渡米。まずフロリダのフォートローダーデールにあるベースボールアカデミーに入った。

その中で、どうやって、いかにして、スカウトの目をこちらに振り向かせるのか。根鈴は、日本から金属バットを持参していた。木製より打球音も派手だ。飛距離だってもちろん出る。

身長１７５センチ。アメリカや中南米の選手に交じると、頭一つ分ほど小さく見える。それでいて、法大時代に後輩の廣瀬純やG．G．佐藤らを指導しながら、自らも徹底して取り組んできたウエートトレーニングの成果で、胸板や上腕の筋肉はパンパンに盛り上がっていた。

エクスポズのユニホームを身にまとう根鈴

当時の体重は95キロ。法大での４年間で15キロ近く増量することに成功していた。

「今でいえば、大関の貴景勝関がバットを振って、走っているような感じに見えたんじゃないですかね？」

根鈴は、当時の〝外見〟を、笑いながらそう表現した。

ちなみに、日本相撲協会のＨＰに掲載されている「力士プロフィール」によると、大関に昇進した２０１９年（令和元年）夏場所の時点で、貴景勝の身長は当時の根鈴と同じ１７５センチ、体重はおよそ１・４倍の１６９キロ。つまり、体形としては〝同系列〟とも言えそうだ。

そのスモウ・レスラー風の日本人が、これでもかといわんばかりに、金属バットを振り回していたのだ。

「引っ込み思案じゃ、名前も覚えてもらえないですから。カッキンカキン、打ちまくってやりました。そうしたら『分かった。もう打たなくていい』って」

あるスカウトが、苦笑いで根鈴にそう告げたという。

実力はもちろんのことだが、ずうずうしいまでのアピールぶりも効いたのかもしれない。モントリオール・エクスポズ（現・ワシントン・ナショナルズ）とマイナー契約を結ぶことができた。

契約金など、もちろんない。

それでも、この事実に揺るぎはない。

プロ野球選手・根鈴雄次は、メジャーを目指す「闘いのスタートライン」に立ったのだ。

鎌田は、大学を卒業した１９９７年（平成９年）に単身渡米すると、１９９９年（平成11年）の年末に、フジテレビのニューヨーク支局に採用された。

翌２０００年（平成12年）、横浜（現・ＤｅＮＡベイスターズ）のストッパー・佐々木主浩《かづひろ》がシアトル・マリナーズへ移籍した。

その当時、野茂英雄、木田優夫《まさお》（ともにデトロイト・タイガース）、長谷川滋利（アナハイム・エンゼルス）、吉井理人《まさと》（コロラド・ロッキーズ）、伊良部秀輝（モントリオール・エクスポズ）、マック鈴木（カンザスシティ・ロイヤルズ）、大家友和（ボストン・レッドソックス）ら、ビッグネームがメジャーに在籍していた。

当時、これらの日本人メジャーリーガーの動向は、国内のプロ野球よりも、むしろ関心が高かった。鎌田はその活躍ぶりを追い、インタビューを収め、番組用のコンテンツとして日本に届けていた。

「子供の頃に見たスーパースターたちが、どんどんアメリカに来るわけじゃないですか。最高に面白かったですよね」

そのルーティンに、十分にやりがいはあった。一方で、ニーズが高い素材だからこそ、日本の報道陣も格段に多い。共同会見でのインタビュー、日々の練習風景の取材の中では、他のメディアとの違いや独自のスクープがなかなか生まれない。

そんな状況が、鎌田には物足りなかった。

「僕は単身渡米していましたし、日本の記者たちと同じことをやっていてもしょうがないじゃないですか。向こうの、メジャーの良さとか面白さ、アメリカの野球文化を伝えないといけない。そんな勝手な使命感があったんですよね」

2月中旬から、メジャー各球団のスプリング・キャンプがスタートする。鎌田がその準備を進めていた頃だった。

支局の上司から、1冊の雑誌を手渡された。

「日本人のことが書いてあるぞ」

フロリダのベースボールアカデミーのレポートだった。

「Ｙｕｊｉ　Ｎｅｒｅｉ」

記されていた名前が、鎌田の記憶の引き出しの中には入っていなかったようだ。

こいつは一体、誰なんだ？

鎌田は、アカデミーに電話を入れてみた。

「日本のメディアかい？　じゃあ、ユウジのことだろ？　あいつのバッティングは、すげえぜ！」

受話器の向こうで、スタッフが興奮気味にまくし立てていた。

「そんなことを言われても、こっちは全然知らないじゃないですか。でも、とにかく、そこに日本人がいるんだなと」

番組で追わなければならない日本人メジャーリーガーたちの取材予定で、スケジュールはぎっしり詰まっていた。

「最初にコンタクトしたのは、多分、僕なんですよね」

取材の日程が、わずかに空いていた数日を使って、鎌田はフロリダのベースボールアカデミーに行ってみることにした。

肌を突き刺すかのような、強い日差しが降り注いでいた。

黒色のネットで囲まれたバッティングケージを独占し、ピッチング・マシンから飛び出してくる白球を、一心不乱に打ち続けている男のシルエットが、サングラスのレンズ越しに見て取れる。

打球音のする方へ、鎌田はゆっくりと歩を進めていった。

「でかいのが『あ、どうも』って。それ、雄次でした」

「僕もうれしかったんです。日本語、話せる人なんていないじゃないですか。何カ月くらいしゃべってなかったかな、日本語?」

名もない日本人選手を取材するメディアなど、皆無だった。

異国の地で、同じ国の人間が来ると、なぜかしら、ついうれしくなる。話す前から、なぜか、気持ちが通い合った感じすらある。

鎌田と根鈴は、近くの日本食レストランへ向かうと、まずはビールを酌み交わし、じっくり、とことん語り合った。

リトルリーグから始まって、その頃は楽しくてね。

野球やってて、中学もそのままシニア入って、それでそこそこ目立っていたんで、日大藤沢って、神奈川の高校の監督から「来ないか」って、入ったんですけど。その頃ちょっとね、家庭の離婚とかね、家庭環境の変化があって、いわゆる不登校になって……。けっこう……自律神経失調症みたいになった。

それで、もう、野球やれねえなという感じになっちゃって……。

どっかで野球やりたいなと思ってた。どうすりゃ、野球できるかなと思って、高校辞めて、渡米したんです。

結局2年くらい、アメリカで。

テスト受けたりとか、スカウトリーグみたいなのを、冬場にやるんですけど、それに参加させてもらって、だいぶ、何というのかな、自分に自信がついたというか、日本から一から出直そうというのか。

定時制入って、それで、だから定時制終わって、法政大学、指定校推薦という形で入って入学できたんですけど。

アメリカ来て、復活したいんです。

番組序盤、根鈴がこれまでのキャリアを述懐していた。

「雄次みたいなパターンでアメリカに野球をしに来ている日本人なんて、当時は全くいなかったですからね。誰も注目していなかったというか、知らなかったんですよ。挑戦するとか、全く言われてもなかったですしね。僕は、アメリカの野球文化の深い部分を伝えたかったんで、格好のネタが来た感じでした」

不登校、引きこもり、高校中退、渡米、定時制高校、法大、そして再渡米。

これまで聞いたこともないような経歴を背負った男が今、自分の目の前にいる。

こんなヤツがいるんだ。

鎌田は、好奇心をかき立てられた。

根鈴より1歳年上の1972年（昭和47年）生まれ。

「知り合いも、誰もいないのに、お互いに単身でアメリカにやって来た。同志というか、気持ちを共有することができたというんですかね。それが、絆といえば、そうだったのかなと」

その2人が、同じ時期にアメリカに来て、それぞれの立場で、それぞれの観点から「ベースボール」に対峙している。

メジャーを追う男と、メジャーを目指す男。

野球観。生い立ち。キャリア。人生観。

根鈴の泊まるホテルの部屋へ場所を移し、初対面の2人は、時間が経つのを忘れて語り合った。

気づいたら、フロリダのまぶしい朝の光が、カーテンの隙間から部屋の中に差し込んでいた。

「取材行くよ」「うん、また会おうよ」

鎌田は、多忙な取材スケジュールの中に「根鈴」の名前を組み込んだ。上司の許可など、もちろん取っていない。

独断で、勝手に、本能の赴くまま、根鈴の密着取材を決めた。

「メーンの選手さえ逃さなきゃ、行った先で何しようが自由でしたからね。何かにかこつけて、雄次の取材をしました。こっそり追加で編集したりしてね。取材費、一切かかってないんですよ」

何者でもない、日本で実績もない選手の企画など「まず通らないんですよね」。撮る映像に、価値は出ないかもしれない。

それでも鎌田は、この男を追いかけてみたくなったのだ。


２０００年（平成12年）のメジャーリーグが開幕した。

その年の目玉は、マリナーズ・佐々木の動向だった。

鎌田は、佐々木を取材するその合間を縫って、根鈴が所属するマイナー球団の試合日程をチェックした。

メジャーの球場が、交通至便なダウンタウンにあることが多いのに比べ、マイナーの場合、それも２A、１Aと実力のカテゴリーが下がっていくにつれ、その球場は郊外、いや、もはや田舎ともいえるような、辺鄙《へんぴ》な場所に位置している。

編集を終えた映像を日本に送信した後、深夜のハイウエーを、レンタカーで突っ走った。メジャーのナイターが終わった後のドライブは、3時間から4時間近い長旅にもなった。

「それくらいだったら、行きますよ」

疲れているはずなのに、鎌田はやけに心が躍ったという。

地元のメディアですらなかなか姿を見せないようなマイナーリーグのゲームに、日本のメディアがたった一人でやって来る。

そこにいるのは、ササキでも、ノモでも、イラブでもない。

「ネレイ」という日本人を、ひたすら追う鎌田の行動力に、エクスポズのスタッフですら、たじろいだという。

「君は、ユウジの友人なのかい?」

選手の方から、いつしか鎌田に近づいてくるようになった。

とりあえず、夢としては、打席に立つ。
そして、日本で見ている家族とか
かあちゃんとかが新聞を見れば

「日本人初メジャー」とかあるでしょ。それでＯＫ。


番組冒頭の最初のインタビュー。

ちょっとぶっきらぼうな雰囲気を漂わせているのは、きっと照れ隠しなのだろう。

日本人メジャーリーガーの歴史を、簡単にたどってみる。

「マッシー」こと、村上雅則。

「トルネード」こと、野茂英雄。

「アジアのノーラン・ライアン」こと、伊良部秀輝。

「大魔神」こと、佐々木主浩。

それまで海を渡ってきた日本人選手は、いずれも投手だった。

イチローが、ポスティング・システム（入札制度）でシアトル・マリナーズに移籍するのは、２０００年オフのことだ。

つまり、根鈴がエクスポズとマイナー契約を結び、プレーをしていた２０００年シーズンの時点では「日本人野手のメジャーリーガー」は、まだ存在していなかったのだ。

イチローは、いつメジャーに来るのか？

日本のみならず、米国でもその初挑戦への期待が、話題の中心になろうとしていた。

根鈴は、誰にも、全く認識されていないのに等しい。

その「ノーマークの男」が、メジャーリーグを頂点としたピラミッドの一番底から、駆け上がろうとしていた。

助走から、加速度がつき始めていくそのプロセスを、鎌田だけが丹念に追いかけていた。


アメリカには、メジャーリーグを頂点として、マイナーリーグ、そして独立リーグ、合わせて300以上のプロ野球チームが、全米にくまなく散らばり、いわゆるプロ野球選手は約7000人いる。

キャンプを終えた根鈴雄次の旅は、まず4軍にあたるシングルAから始まった。


日本の場合、プロ野球のカテゴリーに入る球団数は、3つの独立リーグ・19球団を含めても「31」しかない（2019年〈令和元年〉現在)。

単純に比べても、日本の10倍近く。

その巨大な海の中で、根鈴雄次という無名の男が今、メジャーという「夢の島」を目指し、必死に泳ぎ続けている。

そのロマンをかき立てられたのは、鎌田が「師」と仰ぐ、伊東一雄の影響が大きかった。

「パンチョ」と呼ばれた男を知らない野球人はいないだろう。

1957年（昭和34年）にパ・リーグに入局。流暢な英語と日米の野球に関する豊富な知識をもとに、米球界とのパイプ役として活躍し続けた。ドラフト会議の司会役として、独特の名調子で指名選手の名前を読み上げる伊東の声は、すっかり有名になった。

1991年（平成3年）のリーグ退局後は、新聞やテレビの各種メディアを通して、メジャーの魅力を伝え続けてきた。

フジテレビでは、特集番組も定期的に行っていた。

衛星放送も普及していない。新聞にも、かろうじて試合結果が載る程度だった頃から、伊東は米軍の極東放送、現在はAFNと呼ばれるラジオでメジャーの実況中継を聞き、試合のスコアをつけていたという。その知識は、他の日本人の追随を許さなかった。

鎌田は、伊東の薫陶を受けていた。

選手の懐に、すっと飛び込める。野球へのリスペクトもある。メジャーにも精通しており、英語も苦にならない。

2002年（平成14年）に68歳でこの世を去った伊東は、その生前、幾度となく、鎌田にこう告げていたという。

「お前、俺の後釜になれ」

あのパンチョも認めたメジャーの知識と野球への情熱が、根鈴を追い続ける中で、生きてきたのだ。

鎌田の映像を見ていると、信じられないシーンが続出する。

報道陣が入れないはずの、選手や関係者オンリーのはずのエリアでの映像が、当たり前のように挟み込まれているのだ。

ロッカールームでくつろぐ選手たちが、笑顔で手を振っている。

選手たちが試合前や試合後に食べるケータリングの食べ物や飲み物を、根鈴が紹介している。

遠征に出るバスに「乗っちゃえば？」と言われ、選手たちと一緒に、カメラを抱えたまま同乗したこともある。

カードゲームで時間をつぶす選手。眠っている選手。

鎌田の前では、誰もが無防備だった。

試合中、根鈴がカメラに向かって話しかけている。

「ガム、食べます？」

試合中にどうして、カメラに向かって話しているんだ？

しかも、根鈴はそのまま〝解説〟まで始めてしまう。

具体的に何が勉強になるかじゃなくて、ピッチャーとバッター、どうやってタイミングを取るかとか、どうやってバットを出していくのか。特に、ストレート狙ってて、チェンジアップとかをどうやって打つのかとかね。うまい人はやっぱり、自分にないものがいっぱいあるから、勉強になる。

根鈴の視線は、もちろんグラウンドに向けられたままだ。しかし明らかに、試合中に、プレーの真っ最中に話している。

「ああ、あれ？」

鎌田は、いたずらが見つかった少年のように笑った。

「監督に『雄次を撮りたいんだ。入れてくんない？』って言ったんですよ。日本の番組の名前なんて言っても、向こうは分からないじゃない？　でも監督は『うるさくするなよ』って」

何とも、おおらかなアメリカの空気感が伝わってくる。

通常、試合の映像を撮るカメラマンは、ベンチ横にある「カメラマン席」と呼ばれるスペースに陣取る。もちろん、選手に話しかけるなんて、もってのほかだ。なのに鎌田は、根鈴と一緒にベンチ入りしたのだ。その横に座り、そこから根鈴を、そして試合を映した。

「９・11の前までは、古き良きアメリカだったんですよ」

そんなところにも、世界の趨勢が現れていた。

2001年（平成13年）9月11日、米国内で発生した同時多発テロ。

事件の詳細に言及するのは、この章の本筋ではない。

ただ、一つだけ触れておきたい。

それまでも、決して緩かったとはいわないが、間違いなく〝その日〟を境に、世界中で「セキュリティー」への意識が、極端に、さらに、ずっと高くなったことだろう。

鎌田は、日本のメディアに所属しているという「身分」がはっきりしているとはいえ、あくまで外部の人間だ。

事故が起こったら、どうするんだ。

メディアを装ったテロリストかもしれない。

疑い出したら、きりがない。

国際試合になると、球場に入る記者はＩＤカードをぶら下げ、金属探知機のゲートをくぐり、鞄の中もチェックされる。

厳密なセキュリティー態勢が敷かれ、ベンチ裏のロッカールームなどは、関係者オンリーのエリアになる。

そもそも、チーム外の人間は、試合中のベンチに入ることがルール上で認められていない。ただ、田舎町のマイナーリーグの試合だ。日本人はおろか、米国の報道陣すらもほとんどいない。あいつ、悪いやつじゃないしな。日本からせっかく来てるんだし、ま、いいんじゃない？

マイナーリーグには、そんな寛大な雰囲気があった。

鎌田は、その空気感がたまらなく好きだったという。

もちろん、鎌田のフレンドリーな性格や、選手の懐へどんどん飛び込んでいく勇気も、一目置かれていたのだろう。

ロッカーでカメラを回しても、何も言われないどころか、鎌田のカメラに向かって、むしろ話しかけにきている。

「今、取材でも『ここから撮れ』とか『では、今から話を聞いて下さい』とか。そういうの、面白くないじゃないですか。『バスに乗っていい？』『いいよ』『ここ、入っていいですか』『どうぞ』。その方が、面白いじゃないですか。でも、闖入者ですよね、ホント」

どのシーンをとっても、その「信頼関係」が伝わってくる。

根鈴も、鎌田の取材ぶりに感嘆していた。

「チームの中に溶け込んでいくんですよ。市民権を得たというんですかね。エクスポズの中で、どんどん好かれていきました」

最初は、片手間のはずだった。

ところが、根鈴を取り巻く環境が激しく動いていく。

1Aから2A、そして3Aへ。

根鈴のステップアップに伴い、鎌田のスケジュールに「根鈴」の名前が書き加えられる頻度が、どんどん増えていった。

「予想外の上がり方でしたからね」

鎌田は、根鈴とともに、全米中を駆け巡ることになる。


都市名の間を2本の黒い線でつなぎ、その中間にハイウエーのナンバーが記された路線図が、画面に映し出される。

ズームアップしたカメラが、その線をたどっていく。

まるで、北米大陸を旅しているような気分になってくる。

カメラが地図上を動いていく間に、映像が挟み込まれていく。

根鈴が、打席へと向かう。

根鈴が、ロッカーで新しい帽子をかぶっている。

根鈴が、一塁へ全力疾走している。

根鈴が、ファーストを守っている。

どれもさりげない、わずか数秒のカットだが、ユニホームはショットごとに違っている。

帽子も違えば、球場の光景も全く変わっている。

鎌田が、根鈴と一緒に、どれほどまで、とことんまで、マイナーでの長き旅を続けたのか、一目瞭然だ。

最初の街は、ケープフィア。

根鈴が最初に配属された「1A」の球団は、北米大陸の南東部にあたる、ノースカロライナ州にあった。

メジャーを頂点とし、3A、2A、1A、ルーキーと連なる「ピラミッド」の階層でいえば、上から4番目になる。

日本風にいえば「4軍」に相当する。

日本のように、コーチが手取り足取り、技術を教え込むような場所ではない。むしろ、競り落とされる場所だ。ダメならクビ。実力が認められれば、その上の2A、あるいは3Aへ昇格していく。

球団が実力を認めた「プロスペクト」と呼ばれる有望選手は、その時点での技術は未熟でも、毎日のように試合に出場する。場慣れさせ、実戦の中で実力を磨かせるのが、マイナーの育成法だ。

そうした球団の方針を通達し、現場に着実に実行させるのが、ゼネラル・マネジャー（GM）の仕事だ。

2000年（平成12年）6月12日、根鈴はマイナーデビューを果たした。

そこから、34打数10安打、打率・294、本塁打3本。

「ユウジ、お前は打撃に関しては1Aのレベルじゃない。今すぐにでも、メジャーの打席に立っても打てるぜ」

1Aのコーチが、根鈴の打撃力を絶賛した。もちろん、その報告は、GMのもとへ届けられる。

わずか14試合で、1Aから2Aへの昇格が決まった。

ところで、1Aでプレーしていた時に、根鈴は〝カナダにいる恩人〟との再会を試みようとしていた。

トロント・ブルージェイズの1Aとの試合前だった。

見ず知らずの選手たちに、根鈴は片っ端から尋ねて回った。

「ジョン・コールを知らないか？」

その８年前、メジャーの育成システムの１つである「スカウティング・リーグ」に参加した根鈴は、ブルージェイズのチームに入って、プレーをしていた。

「君には素質があるよ」

そう励まし、目をかけてくれたのが、スカウトのジョン・コールだった。その言葉を励みに、根鈴はその後も、野球を続けていくモチベーションを保つことができたのだ。

法大で入部が一時凍結された時、必要となったのが「プロでやっていない証明書」だった。スカウティング・リーグは、サラリーが発生しておらず、「プロ野球」とは呼べないものだ。ただ、プロとの接触が厳しく制限されている日本のアマ球界のルールに基づき、疑惑を払拭するためには、何としても、そのペーパーが必要になった。

ブルージェイズのオフィスに、何度となく問い合わせた。

プロの球団に、プロではない証明をしてもらう。

そんな不可解なリクエストに、ブルージェイズは応じてくれた。

送られてきた書面に記された「ジョン・コール」の署名を、根鈴は、一生忘れることはないという。

「その人の一筆がなければ、僕は大学で野球がやれなかった。だから、何としてもお礼がしたかった。コールさんが書いてくれなかったら、法大でのキャリアはないんです」

ジョン・コールを探している日本人がいる。

その伝言が、間違いなく届いたのだろう。

ある日の試合前、ブルージェイズのスタッフが、根鈴のもとへとやって来た。

「君がユウジかい？　ジョンが『覚えているよ。よろしく』と伝えてくれって」

スカウトという仕事柄、シーズン中は全米中を旅している。

ジョン・コールとの再会はならなかった。

しかし、野球を続けている。そして今、メジャーを目指している。

そのことを伝えられたことが、何よりの恩返しだった。


「2A」の球団は、ペンシルバニア州の州都でもあるハリスバーグにあった。

昇格してからも、根鈴のバットからは、コンスタントにヒットが飛び出した。24打数6安打、打率・250。

「おめでたい報告って、アメリカ人はなぜか〝裏〟の表現っていうんですか、そういうのでいくんですよね」

3A、オタワ・リンクスの根鈴

２０００年（平成12年）６月23日、プレーボールの30分前だったという。

練習を終えた根鈴が、２Ａの監督に呼ばれた。

「お前、きょう、試合に出なくていいから」

ロッカーに張り出されていたスタメン表には、ちゃんと「Ｎｅｒｅｉ」の名が記されていた。

突然、何だ？　体はどこも痛くない。準備万端だ。

困惑の表情を浮かべる根鈴を、監督はニヤニヤしながら見つめている。数秒間の沈黙を破った監督の声は、トーンが上がっていた。

「もう、２Ａでプレーしなくていいよ。お前は、３Ａに上がることになった。おめでとう！」

わずか12試合をこなした時点で「３Ａ」への昇格が決まった。

メジャーの一歩手前。日本でも「2軍」に相当する。

その本拠地は、カナダの首都・オタワにあった。

それまで、日本人野手で、プロ経験もなく、トリプルＡまで上がった選手はいなかった。それどころか、アジア人でも初めての快挙だった。何者でもない男が、誰も気づかないうちに

〝大記録〟を作り上げていたのだ。

日本人の無名の野手が、メジャー昇格に王手をかけている。

これは、おもしろいことになってきた。

「こうなりゃ、行くしかねえだろ、そう思いましたよ」

鎌田も、わくわくするような展開だった。

「ワンチャンス感ってのかな？　それを感じたんです。2、3年で、メジャーとかいうのじゃなく、今が旬というのかな。見ているもの、撮っているもの、すべてが面白かったんです」

今、目の前で見ている男が、ひょっとしたら、日本野球の歴史を変えるかもしれない。

それを今、追っているのは、俺だけだぞ。

メディアの人間として、その希少性は何よりも心を弾ませる。

「僕の野球人生でも、一番神がかっていました」

根鈴の勢いは、止まらなかった。


南部の小さな田舎町で、プロ野球選手として初めての試合。

古びた球場には、観客は約千人もいなかった。

2週間後、雄次はダブルAに昇格。ペンシルバニアの州都・ハリスバーグへ向かう。ここでは、地元の人の家にホームステイをして過ごした。その頃もらったプロ野球選手としての初任給は、たった300ドル。

さらにその2週間後、再び雄次は監督に呼ばれる。

渡米からわずか3カ月。雄次とメジャーの間に残る階段は、ついに『あと1つ』となった。

ルーキーリーグから1A、2A、3Aと連なっているマイナーのカテゴリーは「ハンバーガーリーグ」の通称でも知られる。

その名のごとく、ハンバーガー〝しか〟食べられないのだ。

根鈴の1Aでのサラリーは月900ドルだったという。

当時のレートでも、日本円にすれば10万円にも満たない。この半額の小切手が2週間に一度手渡され、銀行で換金する。

5万円で2週間。1日あたり3500円。それは、単なる食事代ではない。日々の生活費はもちろん、バットが折れ、手袋が破れてしまったら、そこから費用を捻出し、自分で買わないといけない。

2Aで1500ドル、約16万円。

リンクスのチームメイトと。左がジェイミー・キャロル

3Aで3500ドル、約37万円。

ほんのちょっとだけ、楽にはなるだろう。ただ、マイナーのサラリーはシーズン中の4月から8月の間しか支払われない。シーズンが終われば、マイナーの選手たちがアルバイトにいそしむのは、野球以前に、まず生計を維持する必要があるからだ。

当時、根鈴のチームメートだった内野手のジェイミー・キャロルは、2年後の2002年（平成14年）9月、メジャーデビューを果たした。

その後、ロサンゼルス・ドジャースやクリーブランド・インディアンスなどメジャー6球団で活躍。1276試合に出場し、通算1000安打を放っている。

そんな有望選手でさえ、3A時代はこうだった。

「シーズンが終わったら、ピザ屋でバイトさ」

鎌田は、キャロルとも親しく付き合っていた。

「彼、エラーしたら、静かに聖書を読んでいたなあ……。それが3年たったら、メジャーリーガーですもんね。格好いいというか、個性的でしたね。自分のことで精いっぱい。だから、カメラなんて全く気にしない。そういうヤツらの中に、雄次はいましたよ」

遠征時の日当にあたる「ミールマネー」という制度がある。

とはいえ、根鈴が3Aのオタワでプレーしていた時でも、1日20ドル。うち10ドルを、ビジターのクラブハウスを使用する際の「クラブフィー」として、つまりチップとして支払うため、残りは10ドルしかない。

「朝、それくらい食っちゃうでしょ?」

ハンバーガーチェーンに飛び込み、ポテトを山盛りに頼み、でっかいサイズのコーラも飲まないと、腹は満たされないのだ。

「だから、残りゃしないんですよ。なんだろな……。人間らしい生活をしながら、野球ができるということくらいかな。契約金をもらっている人とは違うんでね」

それが「ハングリー精神」の源泉なのだろう。

その渇望感こそが、のし上がってやろうという、ぎらぎらした野心につながっていくのだ。

2000年（平成12年）のシーズンを終え、根鈴が帰国した直後だった。

日大の監督を務めていた日大藤沢高時代の恩師・鈴木博識のもとへ、根鈴は挨拶に出向いた。

その時、鈴木は思いも寄らぬ〝変化〟に気づく。

「爪が、縦に割れていたんですよ」

ヒビのようなものが、タテにパクッと入っている。手の指の爪がすべて、真っ二つに分かれている状態だった。

「それ、どうしたんだ？」

「栄養が足りないんです」

「お前、米国で何食ってるんだ？」

「ジャガイモとコーラ。それが主食です」

知識としては知っていたマイナーの現実。それを目の当たりにした鈴木は、思わず言葉を失ったという。

「今、何を食いてえんだ？」

「しゃぶしゃぶ……ですかね」

「そんなもん、お安いご用だ」

鈴木はさっそく、近くの店に根鈴を連れて行った。

「もう、むさぼり食ってましたね」

すると、不思議なことが起こった。

肉をたらふく食った根鈴の指を見ると、爪が綺麗なピンク色に変わった上に、割れた部分が元通りにひっついていたのだ。

有望選手のスカウティングに出向くと、その選手や家族から「メジャーに挑戦したいんで」と断りが入る時があるという。

鈴木はどうしても、一言付け加えないではいられない。

「目指すのはいいよ。でも、ルーキーリーグからやるんだろ?」

米国は、そんな甘っちょろい世界ではない。

マイナーじゃ、満足にメシすら食えず、栄養不足で爪が割れるんだぞ。それでも野球をやり続ける覚悟があるのか。

そう問いたい衝動に、鈴木はかられてしまうのだという。

「すごいところで、武者修行しているんだなと思いましたよ。口には出さないけど、根鈴は高校野球も経験していない。そのコンプレックスを、なにくそ、絶対に俺は答えを出してやる、そういう気持ちに変えて、ずっと持ち続けていたんでしょうね」

その〝命がけの挑戦〟が、驚きの展開を見せ始めていた。

根鈴が3Aに昇格した時、オタワには伊良部秀輝がいた。

ヤンキースからエクスポズへ移籍したその年、調整のため、マイナーに降格していた時だった。

「初めまして。根鈴雄次といいます」

日本語での挨拶に、伊良部はたじろいだ。

「えっ？　日本人？　どこでやってたの？」

「法政大学です」

「違うよ、プロだよ？」

「プロではやっていません」

「そんなわけないだろ。日本のプロでもなくて、大学生？　それで、マイナーでやれるわけないじゃん。ホントかよ？」

伊良部は、根鈴のキャリアに驚くばかりだった。

この男も、自らの夢を抑え切れず、当時所属していた千葉ロッテに、メジャー挑戦を認めるよう直談判した。

代理人の団野村とともに、球団と真っ向から衝突した。

ロッテは、異例の国際トレードを企てた。移籍先として指定したのは、サンディエゴ・パドレスだった。

しかし、伊良部と団はそれを断った。

自らの意志を貫く。プレーする先は、自分で選ぶ。

伊良部は団の強力な後押しも受け、とうとう、憧れの「ニューヨーク・ヤンキース」への入団を勝ち取った。

日本で実績も十分に積んだ。だからこそ、その力を世界最高峰の舞台で試してみたい。それは、アスリートの強い本能だ。

自分の気持ちに嘘をつかず、真っすぐに突き進んでいった伊良部に対し、世間からの強烈なバッシングが待ち受けていた。

「恩知らず」「わがまま」「非国民」

野茂の時も、伊良部の時も同じだった。

自らの意志を貫くために、大きな代償を払い、心を傷つけながらも、やっとの思いで、ここへたどり着いた。

なのに、知らない日本人が米国にいて、堂々とプレーしている。

「そんなこと、できるわけないじゃん？」

伊良部は、根鈴に何度もそう言ったという。

その目の前で、根鈴は〝歴史的一打〟を放った。

2000年（平成12年）7月17日、ロードアイランド州ポータケット。

マウンド上には、大家友和が立っていた。

横浜（現・DeNAベイスターズ）からボストン・レッドソックスへ移籍した大家は、およそ1カ月半前の6月1日、3Aで完全試合を達成していた。

その実力は、すでにメジャー級だった。

日本人野手として、3Aでプレーした選手はいない。2人のマッチアップは、つまり、3A初の〝日本人対決〟でもあった。

17歳の大家が、ドラフト3位で横浜に指名されたのは1993年（平成5年）。その頃、米国から帰国していた20歳の根鈴は、定時制の新宿山吹高への入学を決意していた。

横浜での5年間は、1軍で1勝止まり。

日本の野球界にうまく適応できなかった大家は、レッドソックスとの金銭トレードの形で米国に渡り、マイナー契約を結んだ。

秘めた能力は、米国で開花した。

1年目の1999年（平成11年）7月にメジャー昇格。

2年目となるこの年も、名門球団のプロスペクト（有望な若手選手）として、さらなる飛躍が期待されていた。

根鈴にとって、日本では接点すら見いだせなかった格上の大家との対決には「素晴らしくアドレナリンが出た試合でした」。

1打席目は一ゴロ。

大家のストレートの力に、押されていたように映った。

「後で話を聞いたら、大家さんは『詰まらせた』と感じていたみたいです。でもこっちは、ドンぴしゃの感覚があったんです」

打てる。そして、きっとまた、ストレートが来る。

2打席目。大家の1球目は、読み通りのインコース低めのストレート。本塁打を確信したのは「打った瞬間でした」。

右翼席へ弾丸ライナーで放り込んだ。

二塁ベースを回ったところで、左手でヘルメットのつばを触った。

マウンドにいる〝同志〟への挨拶だった。

3打席目もレフト前ヒット。

大家との初対戦は3打数2安打、1本塁打。根鈴の圧勝だった。

試合後の三塁側ロッカールーム。大家は、根鈴のもとへ急いだ。

そのシーンが、鎌田のカメラに収められていた。

「いやいや、ホントにもう、まぐれ当たり」

「まいりましたよ」

「ありがとうございました。そこしか狙ってなかった」

「アイタ……って」

「ドンぴしゃでした。みんな、びびってますよ。低めのストレート、みんな普通ボールじゃないですか。こっちのヤツ、上からポッと投げて、日本人のフォーシームでしょ。低め、ボールと思っているのが、全部入っているんですよ。みんな、それ言ってました。怖がってましたよ」


根鈴と大家は、どちらからともなく「ホテル、どこ?」。

大家の滞在するホテルで、2人は朝日が昇るまで話し続けた。

日本のこと。高校野球のこと。プロでの指導法。米国生活。

鎌田は、翌日のベンチで、大家にインタビューしている。

「やっぱりうれしいですよ。刺激、ホント刺激になりますもん。やっぱり、僕も負けたくないという気持ちもあるし、やっぱりすごいですよね。やっぱり」

日本からやって来た3歳年上の挑戦者に、本塁打を打たれた。

でも、なぜか、大家はうれしかったのだ。

大家も根鈴も、日本で〝壁〟にぶつかり、苦しんだ。そして、新たな可能性を求め、自らの力を信じ、米国へやって来た。

歩んできた道のりは違っても、志は同じだ。

すでにメジャーで、そして3Aで実力を発揮している大家から本塁打を打った。それは、根鈴の力が本物である証拠でもある。

何かが、起こるかもしれない。

番組の中で、鎌田の質問に、根鈴はこう答えている。


起こしたいけどね。それを狙える場所ではあるけどね。

そういう目標は当然あるんだけど、まだそこまで見れない。

とりあえず今、チームのいい奴らがなんでいいのか。

そういうのを勉強というか、盗んだりね。

実際やっている試合の内容は、すごくシビアというか、レベルが高いからね。

根鈴は、2000年（平成12年）6月23日に3Aへ昇格した。

そこから約2カ月、下のクラスへ降格することはなかった。

3Aでの成績は、162打数40安打、打率・247、16打点、2本塁打。

広角に打ち、外野の間を抜く〝ギャップ・ヒッター〟であることを、10本の二塁打が証明していた。

毎年、9月1日になると、メジャーのベンチ入りは25人から40人へと広がる。

それは「セプテンバー・コールアップ」と呼ばれる、メジャー独特のシステムだ。優勝争い、プレーオフ進出をにらむ球団は、広げた15人の枠に3Aや2Aで調整しているベテランや中堅選手を入れ、戦力を充実させることで、ラストスパートをかける。

その一方で、優勝争いから脱落した球団は、来季以降をにらみ、マイナーの有力な若手を引き上げてくる。

一塁、右翼、左翼をこなせる27歳の根鈴は、勢いのある左バッターとして、コールアップの候補に検討されていた。

メジャーリーガーに、なれるかもしれない――。

その頃、日大藤沢高時代の恩師・鈴木博識は、自身の母校・日本大学の野球部監督として、多忙な日々を送っていた。

出発前、根鈴から〝誓いの電話〟があったという。

「もう1回、単身で米国に行ってきます。30歳まで、チャレンジを続けようと思っています」

練習から帰宅する途中の書店で、鈴木はビジネスマン向けの雑誌の表紙に、ふと目がとまった。

「米国に渡ったサムライ選手」

ページをめくると、そこに根鈴の写真が掲載されていた。

鈴木は雑誌を買い、自宅で夕食を取った後、2階の自室へ上がってから、もう一度、雑誌の記事をじっくりと読んだ。

高校中退、渡米、定時制高校から法大進学という希有な経歴。

そして今、再びメジャーへ挑戦している。

「感動でした。よくここまで来た。そう思うとね……」

十数年前の思いがよみがえってきたのだろう。鈴木は涙ぐみながら、そのエピソードを明かしてくれた。

野球をはじめ、スポーツ関係の書籍や雑誌を多く発行しているベースボール・マガジン社は、かつて「月刊メジャー・リーグ」というメジャーの情報に特化した専門誌を発行していた。

1997年（平成9年）に創刊。野茂英雄がドジャースで活躍を続け、メジャーリーグのゲームが、衛星放送で毎日のように中継され始めるなど、マニアの世界ともいえたメジャーが、日本でも〝メジャー〟になりつつある頃だった。

2008年（平成20年）6月号で月刊誌としての発行は終わった同誌だが、その中で、メジャーやマイナーでプレーしている日本人選手たちの動向を、まとめて掲載するコーナーがあった。

「Japanese Connection」

そこに初めて「根鈴雄次」が取り上げられたのは、2000年9月号だった。

「日本人初の野手メジャーリーガー誕生へ膨らむ期待」

その見出しがついた原稿には「日本でプロ野球経験のない野手がAAA級まで上がったのは根鈴が初めてだ」と記されていた。

鎌田の師でもあるパンチョ伊東が進行役を務める、フジテレビのメジャー特集番組「メジャーの時間」でも、根鈴の奮闘ぶりが毎回5分程度、放映されるようになっていた。

もちろん、鎌田が取材、編集したリポートだ。

周囲が、ざわつき始めていた。

しかしその時、根鈴は〝目の不調〟に苦しんでいた。

２０００年（平成12年）７月24日の試合中だった。

右翼を守っていた根鈴が飛球を追った際、二塁手と衝突した。脳震盪を起こし、大事を取って１週間、故障者リストに入った。

「もともと乱視もあったんです。脳震盪の後から、ナイターの時には、全く見えないような状況もあって、より見えなくなった感じだったんです」

裸眼視力は「０・８」。野球選手だけに、眼鏡やコンタクトレンズは、できるだけ使いたくなかった。

カナダだと、両目でも約１０００ドル（当時の換算で約７万５０００円）で、視力矯正のレーシックの手術を受けられることを聞いた。

日本で手術を受けると、施術の内容にもよるが、少なくとも20万円前後はかかるといわれる。カナダでは、費用的にも日本に比べて格段に安い上に、その精度も高いというのだ。

チームメートに相談すると「よく見えるようになるよ」。

シーズンが終わったら、すぐに手術を受ける。そして、来季に備える。その手はずを、根鈴は整えた。

もう〝上〟しかないでしょ。

今年ははっきり言って、メジャーなんて夢物語っていうかね。

自分の中では、そんなこと、全然考えてなかった。

それが3Aでやれるようになって、周りがざわざわしてきて、メジャーから落っこちてきたヤツとか、メジャーに上がるヤツを周りで見ているじゃないですか？　一緒にプレーしてるでしょ。

まあ、なんっつうのかなぁ……。

つけいるスキが、ゼロではねえなと。


3Aのシーズン最終戦。

根鈴は鎌田のカメラの前で、こう宣言していた。

マイナーリーグは、8月で終了する。

遠征時にホテルで同部屋だったトマス・デラロサも、コールアップでメジャーに昇格した。

デラロサは後に、2008年（平成20年）には、中日ドラゴンズでプレーすることになる。

3Aから、まず5人がメジャーに昇格した。

エクスポズは、メジャーのレギュラーシーズン終了までの残り1カ月、どこかのタイミングで、根鈴もメジャー昇格させるつもりだったという。

来季へ向け、戦力を見極めるテストの意味合いとはいえ、その瞬間に「日本人初の野手メジャーリーガー」が誕生する。

日本球界に、新たな歴史を刻むことになる――。

ところが、スタッフから電話が入った時、根鈴はレーシックの手術直前だった。手術を受けると、１週間は動けない。

根鈴の代わりに、メジャー昇格を果たしたのは、同じ一塁手のポジションの選手だった。それでも根鈴は、不思議と、悔しい気持ちも、惜しいという思いもなかったという。

「いずれ、チャンスがくると思っていたんです。でも、来年に向けて準備する。その発想って、日本的な考えなんですね」

マイナーリーガーは、立場が約束されている選手ではない。いつクビになるか分からない。お試しであろうが、何であろうが、チャンスが到来すれば、メジャーの舞台に立つべきなのだ。

メジャーでのプレーは、エクスポズだけではなく、他の球団も見ることになる。選手の流動性が高い米国だけに、そのパフォーマンスをしっかりとアピールしておくことは、今後の可能性を大きく広げることにもつながる。

俺が、日本人で初めてのフィールドプレーヤーなんだ。

そうした付加価値も、売り込み材料になる。メジャーという舞台でプレーすることは、根鈴の価値をさらに高めることになる。

目を治しました。だから来年、よろしくお願いします。

そんな甘い、緩い世界ではないのだ。

チャンスの神様は、前髪しかないと言われている。

前から歩いてきた時に、その髪をつかまないといけない。

どうしよう。迷って、やっぱり……と振り向いても、後頭部には髪がないので、つかめないのだ。

2000年（平成12年）のオフシーズン。

日本球界は、大物プレーヤーたちの「メジャー移籍」のニュースで、持ちきりになった。

まずイチローが、ポスティング・システム（入札制度）で、オリックスからシアトル・マリナーズへ移籍することが決定した。

さらに、阪神の人気外野手・新庄剛志がFA権を行使し、ニューヨーク・メッツへ入団することになった。

気の早いマスコミは、当たり前のように、イチローの「枕詞」として、このフレーズを用いていた。

「日本人初の野手メジャーリーガー」

2001年（平成13年）の開幕試合は、マリナーズが4月2日、本拠地・シアトルでナイター。メッツは4月3日、敵地・アトランタ。

だから「日本人初」は、イチローで間違いないというわけだ。

そこに「根鈴雄次」という存在は、一切考慮されていなかった。

2001年（平成13年）3月。

根鈴は、再びエクスポズとマイナー契約を結び、フロリダ・ジュピターでのキャンプに参加した。

日本のメディアのほとんどは、イチローのいるアリゾナに集結していた。テレビのディレクターで、常時フロリダに腰を据えていたのは「俺だけじゃなかったかな？」と鎌田は振り返る。

その年の目玉は、どう考えても、イチローだった。

ポスティング・システムでの入札金は1312万5000ドル。日本円だと約14億円。年俸も3年総額で1400万ドル。

金額の大きさは、期待値の表れでもある。

イチローは、メジャーでどれだけヒットを打てるのか。

マリナーズは、イチローをどうやって使うのか。

日本に届けられるメジャーのニュースは、イコール、イチローにまつわる話題ばかりだった。

練習が始まると、グラウンドの脇には、日本からやって来た報道陣が、１００人以上も陣取ったという。

常に5、６台のテレビカメラが並び、イチローの一挙手一投足を追い、バットを振ると、カメラのシャッター音が一斉に鳴った。

まさしく「イチロー・フィーバー」が吹き荒れていた。鎌田が当時をこう表現する。

「アンチ・イチローというわけじゃないんです。でも、アリゾナはメーンストリーム。フロリダは下克上でしたね」

ドラマ性を帯びた、ちょっと濃いめのキャラクターたちが、フロリダの方に、ずらりと顔をそろえていた。


ＦＡ宣言した新庄剛志は、阪神から年棒総額12億円の5年契約（いずれも推定）を提示され、横浜（現・ＤｅＮＡベイスターズ）とヤクルトからも誘いを受けていた。

その好待遇を断り、年俸20万ドル（当時約２２００万円）、契約金30万ドル（同３３００万円）の1年契約で、ニューヨーク・メッツと契約した。

金額も契約年数も阪神を大きく下回る20万ドルの年俸は、当時のメジャー選手の最低保障額。レギュラーどころか、その先の保証も見えない。

「無謀」「理解不能」と首をひねられた。

しかし、その型にはまらない発想、野球を楽しんでいるその躍動感、そして何より、自分の可能性を信じて突き進む新庄の姿が、鎌田には、やけにまぶしく映った。

そのほんの5年前に「トルネード・フィーバー」と呼ばれる大旋風を巻き起こした野茂も、レッドソックスのキャンプ地、フロリダのフォートマイヤーズにいた。

移ろいやすい、一過性のブーム。

野茂の次はイチロー。野茂はもう、忘れられたかのような扱いだった。

しかし、パイオニアにも、意地がある。

黙々とプレーする姿に、鎌田はプライドと反骨心を見たという。

立場も、キャリアも、格も違う。それでも、新庄や野茂の懸命な姿に、自分が今、追いかけ続けている根鈴がダブった。

鎌田は、新庄を、野茂を、そして根鈴を熱く追い続けた。

新庄は、テレビの「地上波初生出演」を「鎌田さんなら」と快諾し、フジテレビの情報番組に生出演してくれたという。

メディアにはめったに口を開かない野茂ですら、鎌田の前では思いの丈を話した。

「自分でいうのも何ですけど、野茂さんに1時間もインタビューさせてもらったんですよ」

鎌田が、ちょっと誇らしげに明かしてくれたエピソードに、私はただただ、脱帽する思いだった。


実は1995年(平成7年)、渡米1年目の野茂を取材するため、私は8月からの約3カ月間、ドジャースを追いかけたことがあった。

新聞記者として、日本の野球界を取材し始めた1994年(平成6年)、初めて球団担当の番記者となったのが、野茂のいる近鉄バファローズだった。

そのオフ、野茂がメジャーに挑戦すべく米国へ飛び立った。

「わがままだ」「野球界の秩序を乱す」「代理人交渉はダメ」

メジャーの仕組みもよく知らず、まだ確固たる人脈すらもないままに「野球記者」を名乗っていた私は、上司からの要求のまま、世間の声に流されるまま、野茂を、そして代理人の団野村を批判する原稿を、ひたすら書き続けていた。

しかし、いきなりの華々しいメジャーでの活躍で、その風向きは一気に変わった。

いまや、メジャーでプレーする日本人の存在は当たり前になっている。世界最高峰の舞台で、力を試したい。そう公言する日本のトッププレーヤーたちの背中を、世間もマスコミも、むしろ後押ししている。１９９０年代の日本球界を振り返れば、隔世の感すらある。

その道を切り開いたのは、間違いなく、野茂英雄だった。

私も野茂を追って、アメリカへ飛んだ。

中4日の先発ローテ。しかし、登板しない日でも、野茂の原稿を要求された。日本から、野茂にまつわる発言が飛び込んでくる。その反応を取ろうとすると「また、そんなこと聞くんですか?」。

何度となく、嫌な顔をされた。

野球の知識も、まだまだ浅かった。

捕手のマイク・ピアザに「また野茂のこと?」と顔をしかめられ、早口の英語でまくし立てられ、全く聞き取れなかったこともあった。

今を思えば、恥ずかしい。だから、鎌田のすごさが分かる。

「イチロー君が日本人の野手で初のメジャーリーガーとか言ってるけど、俺の場合は、日本人で初だよ。俺の気持ちは、誰にも分かんないよ。まだまだ、彼らには負けられない」

鎌田のカメラを前に、野茂はそう語ったという。

２００１年（平成13年）４月４日。敵地・ボルチモアでのオリオールズ戦は、その年、ボストン・レッドソックスに移籍していた野茂にとっては、シーズン初先発のマウンドだった。

そこで野茂は、自身２度目のノーヒットノーランを達成する。ドジャース時代の１９９６年（平成８年）に続き、両リーグでのノーヒットノーラン達成は、史上４人目の快挙でもあった。

多くの日本人メディアが、イチローを追いかけていた。だから、野茂の快挙に立ち会っていた日本人メディアは、ほんの数えるほどだったという。

鎌田も、新庄のメジャーデビューを取材するため、ボルチモアではなく、アトランタにいた。新庄の取材を終え、ホテルに帰ってから、鎌田はＥＳＰＮのスポーツニュースを見たという。

「野茂さんの映像を見て、俺、泣きましたよ」

鎌田が、野茂のインタビューを収録したのは、その１週間前のことだったという。

画面の向こうから、野茂の闘志が伝わってきた。

そのそうそうたる顔ぶれの中で、根鈴も必死に戦っていた。


マイナーの選手たちは、練習のスケジュールに従って、広い敷地内にあるグラウンドからグラウンドへ動いていく。

ユニホーム姿で、スパイクを履いたまま、ダッシュで移動する。

エクスポズのキャンプ地には、根鈴と同じ背番号「41」が、５人もいた。

「だから、牛の群れみたいなもんですよ」

言葉は悪いが、十把一絡げ。

それこそ、One of them の、ちっぽけな存在に過ぎない。

夢をかけた男たちが、うじゃうじゃしている。

その中で、日本から来た〝41番の牛〟が、光を放ち出した。

「あんなちっこい日本人、何もできねえぜ」

そんなヤジが飛んだ。英語でも分かる。

背中をベンチにつけ、ほぼ上半身の力だけでバーベルを上げる「ベンチプレス」は、アスリートでも「１００キロ」が、体のパワーの強弱の目安ともいわれるが、根鈴はマイナー時代に「１６０キロを6回上げる」という、とんでもないパワーを誇っていた。

オープン戦で、マイナーの「４番」に座ったドジャース戦。１００マイル（１６０キロ）の剛球を、根鈴は簡単にはじき返した。

１試合３本塁打の離れ業だ。

「神がかってましたよ。１００マイル、芯に当たってました」

野茂がドジャースにいた時の監督はトミー・ラソーダ。私たちのような日本人メディアにも、実に親切だった。

「野茂のことだろ?」

アメリカのメディアや番記者が聞かないことを、日本人メディア向けに、わざわざ、丁寧に語ってくれた。

「オー(王貞治)もナガシマ(長嶋茂雄)も、俺の友達さ。ホシノ(星野仙一)は、俺の兄弟だ」

ジョークを交え、いつもフレンドリーに対応してくれた。

日本に対し、理解が深いはずのラソーダが、根鈴という日本人の出現に、敵愾心をあらわにした。もちろん、ドジャースの若手投手陣がふがいなかったせいもあるだろう。

「あの日本人に打たせるな」

当時、監督という立場ではなかったラソーダだが、血相を変えて叫んでいた。その野次は、根鈴には最大の賛辞に聞こえた。

伊良部秀輝が先発、根鈴が「4番・一塁」というスターティングメンバーの試合が組まれた。伊良部の代理人だった団野村とも、根鈴はそこで再会した。

「お前、なんでいるんだ?」

かつて、多摩川に自分をぶしつけに訪ねてきた青年が、オープン戦とはいえ、米国で「4

番」を打っている。米国に精通している団は、その驚異的な成長ぶりに、驚きを隠せなかったのだ。

根鈴の存在に着目したのは、むしろ海外メディアの方だった。

韓国人野手初のメジャーリーガーが誕生したのは２００２年（平成14年）の崔希渉（シカゴ・カブス）だった。

つまり、韓国メディアは、アジア人初となる野手メジャーリーガーが〝イチローではない日本人〟になるかもしれないとみて、根鈴のもとへ、わざわざ取材にやって来たのだ。

同じく２００２年にメジャー昇格を果たすことになる台湾の主砲・陳金鋒も、当時はまだ２Ａにいるマイナー選手だった。

根鈴は、台湾のメディアから、場違いな怒りをぶつけられた。

「アジア人として、野手初のメジャーリーガーは、ウチの陳だと思っていたんだ。お前、一体誰なんだ？」

無礼な、ぶしつけな質問が、むしろ心地よかった。

俺は今、夢に手を掛けている。その確かな手応えがあった。

本当に「メジャー」が、目の前にあった。

「月刊メジャー・リーグ」２００１年３月号の表紙は、メッツのユニホームに身を包んだ新庄剛志。巻頭のインタビューも新庄だ。

続いてイチロー、佐々木、長谷川、マック鈴木、野茂、伊良部、吉井、大家の順で、その近況が続いていく。

そうそうたる日本人メジャーリーガーたちの開幕前特集。

その最後を締めくくっていたのは、根鈴だった。

「野手第1号の野望」

その見出しとともに、カラーページの原稿にこう記されていた。

「4月2日（米国時間）、エクスポズはシカゴでカブスとデーゲーム。マリナーズはシアトルでアスレチックスとナイター、メッツはアトランタで翌3日が開幕戦と、エクスポズが予定では一番早い試合となっている。だから日本人野手メジャー第1号の勲章は決して夢ではないのだ」

イチロー、新庄、根鈴。

3人が開幕メジャーの座をつかんだら、どうなるのか——。

時差の関係で、プレーボールが一番先にかかるのはエクスポズになる。そうすると、快挙の看板は、根鈴のもとに届けられる。

日本が誇る安打製造機より、プリンスと呼ばれた阪神のスターより、高校で不登校となり、高校野球を全うできず、法大でもレギュラーにはなり切れず、日本のプロも経験していない、全く無名のプレーヤーが「日本人野手初のメジャーリーガー」になるのだ。

そんな痛快な出来事はない。

誰も気づいていないのか。

そんなことになるはずはない。そう思い込んでいるのか。

根鈴をマークする日本人メディアは、変わらず鎌田だけだった。

「あの頃は、夢の中のようでした。メジャーって、すごく上の世界だと思っていたんです。でも、メジャーから落ちてくるヤツを見ていると、自分も『欲を出していいじゃん』と思ったんです。それなのに1試合、2試合とヒットが出なかったら、クビを切られてしまう、クビになりたくないと……。欲が出ると、恐怖心が出るんです」

開幕直前のオープン戦。エクスポズは、フロリダのポートセントルーシーで、メッツと対戦していた。

捕手はマイク・ピアザ。

ドジャース時代、野茂とのバッテリーで日本でもすっかりおなじみになった、メジャーを代表する名キャッチャーだ。


開幕まで1週間。

雄次は毎試合、少なくとも1安打1打点を挙げる絶好のスタートを切った。それは、チームで一番の好調といっていい活躍だった。


根鈴は、最終打席で三塁打を放った。

当時、根鈴の体重は95キロ近くあった。

それでも「重心が低くて速い」と評判だった。

全力疾走。そして、三塁へ左足から軽快に滑り込んでいった。

右肩に大きなスポーツバッグをかけ、グラウンド脇の砂利道を引き揚げていく根鈴に、鎌田は〝ぶら下がり取材〟をかけていた。

いやー、まあ、ぼちぼちいいと思いますよ。
きょうだって、いい風吹いていたから、ちょっと、ちょっと、2打席目、3打席目は
(本塁打を) 狙っちゃったもんね。
最後の打席で (三塁打が) 出るってのはね、いいっすよ。
去年と、随分状況が違うんだよね。
少ないのよ。始まった時の人数がすごく少ないのよ。
だから、結構、このメンバーかもしんない。分かんないけど。
あとは、上 (メジャー) から落ちてくる人がどれだけいるか。

確かな手応えがあった。
メジャーリーガーに、きっとなれる――。
荷物室にバッグを放り込み、颯爽とバスに乗り込んだ。

「翌日」
エクスポズ　マイナーリーグ組織部長。

そのテロップとともに、インタビューが流れた。

「雄次は、素晴らしい選手だと思います。成績も問題ありません。しかし、現在の3Aの外野手と一塁手の状況を考えた時、誰かを削るしかなかったのです。強い反対もありましたが、最終的には私の判断です」


開幕の1週間前。無情の解雇だった。

その日のことを、根鈴ははっきりと覚えている。

試合前、個人ロッカーには、ランドリーの専門職員がきれいに洗濯したユニホームが、ハンガーにかけられている。

ところが、パンツが掛かっていない。

顔見知りのランドリーの担当者に「パンツは?」。

すると「ユウジ、上へ行け」。

ロッカールームのあるクラブハウスの2階を指さされた。

「いい話なのかなと思ったんです」

開幕メジャーが、決まったのかもしれない。

わくわくするような予感があった。

しかし、告げられた話は、その全く逆だった。

「うそ……って思いました。あの頃、今振り返っても、絶好調だったんです。打球は飛ぶし、動けるし……」

目の前にあったメジャーへの入り口。

そのドアのノブに手を掛けようとしたところで、根鈴はどん底へ突き落とされた。

まさしく、天国から地獄へ――。


鎌田は、フロリダの別のキャンプ施設で取材をしていた。

電話の声が、震えていた。

「クビになりました」

「うそだろ?」

鎌田は、エクスポズの選手宿舎へ走った。

「２１８」

ルームナンバーのドアを叩いた。

「はい」

「カメラいい？」

「いいっすよ」

どこか、語尾がぶっきらぼうだった。

悔しくて、仕方がない。

それでも、鎌田のカメラの前で、根鈴は口を開いた。


マイナーのプレーヤー・ディベロップメントのやつのところへいけと言われて、入ったら、そいつともう1人、GM補佐みたいなのと、アダム……広報かな。3人くらいいて、ウチのミーティングをやって「ホント、申し訳ないんだけど、リリースすることになった」って。お前が一番よく打っているのは分かってんだけど、メジャーで今年は外野手がいっぱい落ちてくるから……みたいな。それ以上の説明はなかったんですけどね。

実績がある連中が、落ちてくるんでしょ、要は。

そいつらに負けたというか、負けるという判断をフロントのヤツはしたというねえ、話……。

チームメートに言うのがつらかったというか、言いにくかったよね。言葉を失ってたよね、みんな。

27歳。左投げ左打ち、一塁と外野、そして代打要員。

年齢、ポジション、役割、契約内容。

あらゆる要素を加味して、25人のメジャーベンチは決まる。

その予備軍として、根鈴をどう扱うのか。

最終的に、その枠から漏れた。メジャーはシビアだ。

夢は、叶わなかった。


鎌田は、根鈴の姿を通して、伝えたいことがあった。

「日本の野球界から飛び出してきて、めちゃくちゃな世界に入って、溶け込んでいる。バスとかロッカールームで、雄次がチームメートと遊んでいる映像を見せて、日本で窮屈な思いをしている子がいたら、今いる場所だけが世界じゃないよ、ちょっとだけ飛び出す勇気があれば、こんな風に楽しめるかもしれないよ、って。そう言ってあげたいですよね」

自分を信じて貫けば、夢はきっと、いつか叶う。

一度や二度、躓いたって、人生はリカバリーが利くんだ。

ほら、この男を見てみろよ。

いつだって全力だろ。がむしゃらに野球をやってるだろ。

無理って決めつけるな。

諦めずに、やってみようよ――。


もしあの時、メジャーに上がっていれば。

イチローより先に、メジャーリーガーとしてプレーしていれば。

「たら」と「れば」は、この世界にはない。

しかし、そうなれば、日本の野球界の歴史は、大きく変わっていたことだろう。

高校で不登校、引きこもり、そして中退。高校野球も未経験。

定時制高校を卒業。法大入学は22歳。野球部入部は23歳。

日本のプロ経験がないまま、メジャーに昇格した。

その男の生き様を追い続けた番組には、きっと、こんな題がつけられたはずだ。

「イチローを超えた男」――。

それでも根鈴は、その後も野球を続けている。終わっていない物語を、勝手に締めくくれない。

それが、ディレクターしての、鎌田の矜持なのだろう。

鎌田は、フジテレビのニューヨーク支局で5年間務めた後、フリーランスとなって、ニューヨークで映画製作に携わった。

2010年（平成22年）に日本に帰国すると「GENERATION ELEVEN PICTURES」という制作会社を立ち上げた。

映画監督、プロデューサーとして、スポーツだけにはこだわらずに、幅広いジャンルで、映画やドキュメンタリー番組を手掛けている。

「原風景が好きなんですよ」

「さよならゲーム」という野球をテーマにした映画がある。

ケビン・コスナーが演じるマイナーリーグのベテランキャッチャーと、その彼を追う女性の物語だ。

夢を諦められない男の哀愁、そこに、ベテランの座を脅かす若手捕手が出現する。一人の女性を巡って、ちょっとした三角関係になっていくのも、話の展開の妙だ。

まぶしく、そしてどこか物悲しい。

野球が織りなす、繊細な心の動きを描いた名作だ。

「そういうのが、作りたいんですよ」

やっぱり鎌田も、野球から離れられない。

根鈴を追い、そこで見た野球の原点。

いつか、もう一度、そこへ帰りたいのだ。


「日本人野手初のメジャーリーガー」イチローの活躍は、米国も席巻した。打率・350で首位打者。56盗塁で盗塁王。メジャー新人最多安打の242安打を放ち、MVPと新人王を同時に獲得した。

新庄剛志も123試合に出場、打率・268、10本塁打をマークする活躍ぶりを見せた。

自身2度目のノーヒットノーランを達成した野茂英雄も、2年ぶりの2桁勝利となる13勝。ア・リーグ最多の220奪三振でタイトルも獲得。トルネード復活をアピールした1年になった。

フロリダは下克上。

鎌田の〝予見〟は、見事なほどに当たっていた。

2018年（平成30年）1月26日。

大阪・梅田の毎日新聞社内で「第90回記念選抜高校野球大会選考委員会」が開催され、36校の出場校が決定した。

その代表校の1つに、奈良の智辯学園が選出されていた。

法大で根鈴が副将を務めた時、主将だった小坂将商は、智辯学園の監督を務めている。

その2年前、初のセンバツ優勝を成し遂げて以来の出場だ。

小坂が、不思議そうに話してくれたことがある。

メジャー昇格の可能性があったのに、レーシックの手術を受けていたというエピソードに、話が及んだ時だった。

「根鈴って、性格上、行き切らないっていうのか、新たなことは考えるけど、頂点にはならない。行きかけて、次、突き詰めて、ええとこまで路線は行けとったけど、行けへん。そんなタイプなんですよね。こだわらんのと違うかな？　行き切らないんですよ。だって、メジャーに上がれそうなんだったら、手術なんか断って行くでしょ？　そういうのを求めないんだなあ……。変わっているといえば変わっているんでしょう」

苦楽を共にした、まさしく、同じ釜の飯を食った同士だからこその、面白い分析のような気がする。

根鈴に、同級生の〝見解〟を質してみた。

「なるほどなぁ……。そうかもしれないですね」

いつも、なぜか、夢目前のところで何かが起こる。

メジャー昇格のチャンスを逃した後、帰国した2001年（平成13年）秋、根鈴は千葉ロッテの入団テストを受けている。

恐るべき飛距離で、柵越えを連発するパワフルな打撃に、文句なしの「合格」が出た。

よし、日本のプロになれる――。

そう思った時だった。

打撃練習中に突然、右手に激痛が走った。

有鉤骨《ゆうこうこつ》の骨折。これでは、バットが振れない。

内定していた28歳のオールドルーキーのドラフト指名は、一転して、白紙に戻った。

「月刊メジャー・リーグ」の2001年5月号には「マイナー情報」として、根鈴の〝解雇後〟が記されていた。

その一部を、抜粋してみる。


「オフにエクスポズが外野手を多く補強していたから、嫌な感じはしていた」と彼は言う。

そして「呆然としただけ。今は何も考えられない」とポツリ。しかしその後すぐに声をかけてきた独立リーグのセントポール・セインツと契約。27歳の男のチャレンジは続く。

その「マイナー情報」も、8月号から根鈴の名前が消えた。

メジャーからも、NPBからのオファーも、その後、根鈴に届くことはなかった。

チャンスの神様は、もう、やって来なかったのだ。

第7章　オランダ人になる

2005年（平成17年）。

米国で、日本人選手だけを集め、米国内の各地を転戦する「ジャパン・サムライ・ベアーズ」という独立リーグ球団が誕生した。

ベアーズが所属したのは、同年に発足したばかりのゴールデン・ベースボール・リーグ。そのリーグの副コミッショナーに就任したのは、元・阪神投手で、その前年まで参議院議員を務めていた江本孟紀《えもとたけのり》だった。

社会人野球は、昭和の高度経済成長期において、社員の士気や結束を高めるためのシンボルとして、大きな魅力があった。1984年（昭和59年）のロサンゼルス大会から1996年（平成8年）のアトランタ大会までの4大会の五輪では、プロの参加が認められておらず、日本代表で中心を担ったのは、社会人野球のプレーヤーたちだった。過去には、プロ入りを拒否して社会人のチームを持つ企業に入社し、五輪代表入りを目指すトッププレーヤーもいた。

また、現役引退後には社業に専念して、安定した大企業の会社員へ転身できるという点で、セカンドキャリアとしても一定の役割を担っていた。

1963年（昭和38年）に、日本野球連盟に登録されていた企業チーム数は237。しかし、経済環境の変化など、時代の流れとともに企業スポーツの衰退が目立っており、2003年

（平成15年）には89にまで落ち込んでいた。

その後も微増減を繰り返し、２０１９年（平成31年）２月28日現在、日本野球連盟に登録されている企業チーム数は96。一時期よりは持ち直したとはいえ、約半世紀前のピーク時と比べて6割減という、厳しい現実に直面している。

高校から大学、社会人、そしてプロ。そのピラミッド型階層の上部が薄くなりつつあった。

社会人野球でのプレー経験もある江本は、野球界の先細りを危惧していた。

「野球ができる環境が少なすぎる。高校時代に、甲子園を目指して、それこそ死ぬほど練習してきたのに、ほとんどは卒業したらそれで終わり。好きな野球を続けたい、もっとうまくなって、さらに上の世界を目指したいと思っても、ほんの一握りのエリート以外には、そういう場がないんだ」

夢は、叶えるためにある。ただ、誰もがプロになれるわけではない。自らの限界を悟る。第2の人生に踏み出す。自分の心にケリをつけなければならない日は、必ず来る。

「野球を諦める。とことんまでやって、諦めさせる。若い選手たちに、燃え尽きる場所を創ってやらんとあかんのだよ」

江本には、若き野球人たちの渇望が、実感として分かる。

海外に日本人だけのチームを創ったのは、それで儲けてやろうとか、日本の野球界に対抗しようというのではない。

若き野球人が最後の勝負をかけ、完全燃焼できる場所を、俺が創ってやる。その男気だった。

ベアーズの監督を務めたのは、元・巨人のウォーレン・クロマティ。メジャーでの実績もあり、日本での知名度も高いクロマティの存在と、本拠地を持たない「トラベリング・チーム」という特異なチーム形態は、米国でも大きな話題になった。

米国中をバスに乗って転戦。96日間で90試合をこなすという過酷な1年を過ごした。ただ、球団の活動は、資金難などからチーム運営が滞り、残念ながらその年限りで終わってしまった。

江本は法大出身。根鈴の法大時代に監督を務めていた山中正竹とは同期で、公私ともに親しい関係にあった。

当時31歳の根鈴も、江本の大学の後輩にあたる。そうした縁もあって、根鈴はベアーズで選手兼コーチを務めた。

日本人だけで、米国を転戦する。

計画を知った根鈴は「選手兼任コーチで雇ってほしい」と関係者を通して、自らチームに売り込んだという。

「日本人だけなら、俺が適任だろって思いましたから」

イチローはその年、メジャー696試合目で通算1000本安打を達成した。メジャー史上でも3番目というスピード記録だった。

一方、根鈴は、オタワでメジャー昇格の夢が潰えて4年。米国からカナダ、メキシコと独立リーグ球団を渡り歩き、ベアーズはプロとして根鈴が所属する「12球団目」だった。

そして、ベアーズで根鈴と共に過ごした男たちが、その存在感に大いなる影響を受け、そのうちの幾人かが、根鈴の背中を追うかのように、世界の野球界へ飛び立っていった。

「僕たちは『根鈴軍団』です」

三好貴士

そう胸を張って宣言する一人が、三好貴士だ。

三好も、エリートコースとは程遠いキャリアを歩んできた。

「根鈴さんがいなければ、僕は今、こうやってユニホームを着ているかどうか分からないですね。一生、頭が上がりません。足を向けて、寝られません」

根鈴より5歳年下、1978年（昭和53年）生まれの三好は、神奈川県立相武台高（現・相模原青陵高）の野球部員だった。

「根性野球が、まだまだ全盛でしたね」

千本ノックと称した猛練習。力尽きて倒れたら、ヤカンに入った水を頭からぶっかけられ「気合を入れろ」と顔面をはたかれた。グラブなしで「胸で受けろ」と、ノックの打球を体で止める練習もさせられたという。

「初めて、指導法に疑問を持ちました。こんなことやっても、うまくならないんじゃないかと……。殴られたり、蹴られたり……。ありましたね、まだ……。ぼっこぼこにされましたよ」

愛のムチという名のオブラートに包まれた「しごき」。それが、1990年代の野球界には、まだ少なからず残っていた。

「違う野球を勉強して、こういうことを変えたい。そう思ったのが、きっかけでした。あの学校に行ってなかったら、僕はアメリカに行っていないと思います」

日本の野球を変えたい。変えなきゃいけない。

しかし、甲子園にも出ていない、どこにでもいる平凡な高校球児がそんなことを唱えたところで、誰も聞く耳を持ってくれない。

それでも、三好は真剣だった。母親には、その心の内を吐露した。

「生きている間に、好きなことをやりなさい」

専門学校でも大学進学でも渡米でも、２年間は親として、金銭面でも全面サポートすると約束してくれたという。

よし、アメリカに行こう。

２００１年（平成13年）３月。高校の卒業式を待たず、フロリダへと飛んだ。

「卒業式に行かないって言ったら、周りから奇人扱いされましたよ。まあ、何のツテもなく、アメリカに行きましたしね」

そのエピソードも、まるで根鈴の話を聞いているかのようだった。

三好は、フロリダのベースボールアカデミーに入った。

「こんな人がいるよ」

母親からのメッセージとともに、日本から送られてきたビデオに収められていたのは、フジテレビ「メジャーの時間」で特集されていた「根鈴雄次」のレポートだった。

高校中退、渡米、定時制高校、法大進学、そして３Ａでプレー。

日本の野球界を、真っすぐに歩いていない。それでも、己の力を信じ、米国で勝負し、メジャー昇格寸前まで行った。

三好は、まだ見ぬ「根鈴雄次」という存在に、自らをダブらせた。

「この人に、きっと、どこかで会うと思っていました」

フロリダの青い空の下に、心地よい打球音が響いていた。

視線の先にいる打者は、あまり背は高くないようだ。ただ体の幅が、やけにどっしりとしている。

「遠目に見たら、外国人だったんです。出している雰囲気が、人を近づけない感じで……。打ったら、ばんばん柵越え。近づいていったら、日本人だったんです」

エクスポズのマイナー選手だった根鈴が、そこにいた。

「単純にかっこよかったです。バット1本、ギャランティーはない。すべての環境がマイナスの中で、バット1本でメジャーに挑戦していた。生き方として、本当にかっこよかった」

この人みたいに、なりたい。

三好は、短大に通いながら、夏休みの間は野球に取り組んだ。

2003年（平成15年）に、カナダの独立リーグ球団、「ロンドン・モナークス」に入団。

そこに、根鈴も所属していた。

「一緒のチームになって、距離が近くなったんです」

根鈴がバッティング練習を始めると、それを見て、あれやこれやと、質問しまくったという。

「僕、しつこかったんです。そうしたら『そんなにやる気があるんだったら、俺が見てやる』

と、根鈴さんがケージのところで僕が打つところを毎日、仁王立ちで見てくれるようになったんです。柵越えできるくらいにバッティングができるようになったのも、根鈴さんのおかげです」

２００５年（平成17年）、三好も根鈴とともにベアーズでプレーした。

そのシーズン途中、１軍登録メンバーにあたるロースターから外れたのを機に、現役から退くことを決め、日本に帰国した。

しかし、野球への思いは簡単には断てなかった。

サラリーマン生活をしながらも、何度も自問自答したという。

「ベアーズを辞める時、野球との縁を切ろうと、バットも捨てたんです。野球中継のテレビも見ませんでしたし……。でも、本当にそれでいいのかと。やっぱり、どこか不完全燃焼だったんです」

４年後、現役復帰を決意した。無茶なのは承知だ。

三好は、根鈴に電話を入れた。

「ちゃんと、野球を辞められるようにしてきます」

未練を断ち切る。そのために、燃え尽きてくる。

「よし、これ持って、辞めてこい」

根鈴は、自分のバットを三好に贈った。

そのバットは、今も三好の手元にある。


現役復帰した三好は、ゴールデン・ベースボール・リーグの「ビクトリア・シールズ」で、選手兼アシスタントコーチに就任した。

監督を務めていたのは、１９８４年（昭和59年）にデトロイト・タイガースでワールドシリーズを制覇、翌85年にはア・リーグの本塁打王に輝き、メジャー通算４１４本塁打をマークした名選手、ダレル・エバンスだった。

「お前にはコーチングの力がある。ウチで勉強してみないか」

エバンスは例年、１月中旬からの約１カ月間、米国、日本など世界各国の若手選手が集い、MLBや独立リーグ入りのチャンスを求めて、試合形式でのトライアウトを行うカリフォルニア・ウィンターリーグの最高責任者も務めていた。

指導力とコミュニケーション能力を認められた三好は、日本人選手の参加や渡米の便宜を図る「公認コーディネーター」として、日米間の橋渡し役を務めることになった。

キャリアを積み上げていく三好に、新たなチャンスが訪れた。

２０１２年（平成24年）には、米独立リーグのアメリカン・アソシエーションリーグの「スーシティ・エクスプローラーズ」で一塁ベースコーチャーを務めた。

さらに２０１５年（平成27年）７月、カリフォルニア州のソノマに本拠地を置く独立リーグ「ソノマ・ストンパーズ」の監督に就任した。

翌16年、フランチャイズ・レコードの47勝を挙げ、フルシーズンで優勝。パシフィック・アソシエーションのＧＭ、監督、放送関係者が選出する「マネジャー・オブ・ザ・イヤー」も受賞した。

１位５点、２位３点、３位１点でカウントされる投票で、１位の三好は45ポイントを獲得。２位に26ポイント差をつけ「ストンパーズはすべての独立リーグの中でも、最もプロフェッショナルで、最も一生懸命働き、最も献身的な監督を持っている」と評された。

２０１７年（平成29年）にもストンパーズをリーグ優勝に導くと、２年連続で「マネジャー・オブ・ザ・イヤー」に選出された。

日本でプロ経験の全くない野球選手が、野球の本場・米国で、プロの指導者となり、優勝監督になったのだ。

２０１８年（平成30年）１月20日。

ＭＬＢのミネソタ・ツインズから、テネシー州にあるルーキーリーグ「エリザベストン・ツインズ」のコーチとして、三好を採用したことが発表された。

三好のように、NPB、MLBでのプレー経験がない日本人が、MLB傘下の球団で指導者として就任するのは、MLBの長い歴史でも、前例がないという。

メジャー球団では、指導者を採用する際、球団側からの面接が行われる。元メジャーリーガーであろうと、三好のような日本人であろうと、その指導方針や野球哲学をきちんと説明し、球団側とのコンセンサスが取れなければ、球団に入ることはできない。

三好は、2019年（平成31年）も引き続き、エリザベストンでのコーチを務めることになった。契約が更新されたことは、指導者としての能力が、球団側から高く評価されていることの証明でもある。

「アメリカで指導者がいないのは、日本人くらいなんです。野球の覇権国家であるアメリカで、日本人が入って指導する。その意味は大きいと思うんです。根鈴さんで『市場』は広がった。根鈴さんは、選手として前例を作って活躍した。でも、僕には選手としてのスキルがなかった。だから、指導者としてどこまでできるか、挑戦しているんです。日本でダメでも、海外で指導者になれる。それだけで新たな可能性が出てくる。こういうやり方がある、そういう人がいるという存在が、世の中に出ればいいですよね」

自らの可能性を生かせる『場』は、世界中にある。

その三好の思いは、かつて根鈴が「オランダ人」になることを真剣に検討した時と、全く同じ〝発想〟だった。

2006年（平成18年）。

第1回WBC（ワールド・ベースボール・クラシック）が開催された。監督の王貞治のもと、世界の頂点に立った日本代表の中心には、イチローがいた。

1次、2次リーグ、そして決勝トーナメント。全8試合に出場したイチローは、まさしく「王ジャパン」の大黒柱だった。

同級生が、日本に、米国に、そして世界に、改めてその名を知らしめたその年、根鈴はオランダのロッテルダムを本拠とする「ネプチューンズ」への入団が決まった。

野球をするために、ヨーロッパへ行く。

その年、オランダもWBCに参加したが1次リーグで敗退していた。決勝トーナメントの4チームに、欧州のチームはいなかった。

根鈴がプレーする前に、オランダでプレーをした日本人は、記録をたどって確認できただけでも、投手の2人しかいなかった。

その地で、根鈴が実行しようとした〝幻のプラン〟があった。

「オランダで、帰化してやろうかと思ったんです」

国籍を変えて、野球をやればいい——。

プロとして、海外でプレーしてきた経験からはぐくまれてきた「根鈴の感覚」からすれば、当たり前の選択肢でもあった。


日本のプロ野球界は、シーズンオフになると、トッププレーヤーたちの去就に関する話題で、途端にかまびすしくなる。

ただ、その選択肢は、いつも「2つ」に絞られている。

「日本に残る」のか「米国に挑戦する」のか。

しかし、野球をやっている国は、当然ながら世界中にある。

根鈴が歩んで来た道のりは、「日本」か「米国」の二者択一が固定観念ともいえる日本球界で、前例のないスタイルともいえた。

高校中退。米国で再起。定時制高校を経て東京六大学へ。

法大卒業後に再び渡米し、メジャー昇格目前まで駆け上がった。

米国、メキシコ、カナダ、オランダ、そして日本の独立リーグを渡り歩き、計5カ国、15球団でプレーしてきた。

「NPB」で野球をやっていなかった日本人選手が、堂々と「プロ」を名乗り、世界の野球界をたった一人で渡り歩いていく。

従来の枠組には、全くもって当てはまらない。

ビジネス界に置き換えて、考えてみる。

企業が生き残っていくためには、何をすべきなのか。

必要な人材や原料を、どこから調達すべきか。製品を求められている市場は、どこにあるのか。

いまや日本国内だけで完結できるような産業など、見つける方が難しいだろう。

そのために、世界を俯瞰する。

大きな潮流の中で、自分たちの〝立ち位置〟を、どこに見つけるのか。それを考え、見定めていくのが経営戦略であり、ライバル企業との競争に勝ち抜き、さらに自らが成長し、生き残っていくための必須条件といっていい。

それは『野球』だって、同じことではないか。

「大道芸人って、パフォーマンスをして、その内容がよかったらお金をもらえるわけじゃないですか。ただ、そこに立っているだけでは、もらえないんですよ」

野球をやる。そのためになら、どこにでも行く。

自分を輝かせる場所に行き、その舞台を自分でつかみ取る。

根鈴の行動基準は、実にシンプルだ。


定時制の新宿山吹高に入学した1994年（平成6年）。

イチローは、その年にオリックスで大ブレーク。最終的に210本のシーズン最多安打（当時）をマークすることになる。

同じ年でもある20歳の新しいスターが、日本中に大旋風を巻き起こしている頃だった。根鈴は、関係者のツテをたどり、紹介を受ける形で、近鉄バファローズの練習に参加することになった。

7月中旬、プロ野球はオールスター戦が行われる。その間の「オールスター・ブレイク」と称されるシーズン休止の期間は、出場しない選手たちによって、各チームの全体練習が行われる。

根鈴は、定時制高の夏休みを利用して大阪へ出向いた。

近鉄の本拠地だった藤井寺球場。その右翼席の裏にある独身寮に宿泊しての4日間。球団側には、逸材をテストする意図もあった。

米国仕込みの打撃は、並み居るプロたちをたじろがせた。

ある日の練習後、投手チームと野手チームに分かれ、ソフトボール大会が開催された。マウンドには、その翌年からメジャーに渡り、ロサンゼルス・ドジャースで活躍する野茂英雄が立っていた。体を大きく捻って投球する独特の「トルネード投法」ではなく、アンダースローからだったが、根鈴は会心のヒットを放った。

「そりゃ、打つわ。軸が全くぶれないもん」

野茂は、20歳の無名の青年をそう絶賛していたという。

後に、根鈴が野茂と再会した時のエピソードがある。

「野茂さんと、対戦したかったです」

「いや、したんだよ」

「えっ、いつですか？」

「ソフトボールで打たれたんだよ」

高校中退後に渡米。帰国して定時制高校へ。つまり、根鈴は日本の「高校野球」を全うしていない。

「だから、ちゃんとした指導を受けたことがなかったんです」

高いポテンシャルを感じるパワーヒッターに、選手やスタッフの評判は、うなぎ上りだった。

日大藤沢高中退、米国で武者修行、定時制高校に通う20歳。

「どうやって獲るんだ……ということだったんですよね」

根鈴も、自分の立場を十分に理解していた。

すでに1991年（平成3年）から、ドラフト指名を受けない形での「ドラフト外入団」の制度はなくなっていた。

野球協約では「中卒」なら、ドラフト指名は可能だ。

しかし、米国での経験をどう判断するのか。前例のない、種々の複雑な要素が絡み合ってくる。

根鈴の指名を認めるとなると、こんなケースが想定される。

有力選手を高校中退させて定時制に入れ、それでドラフト指名するという〝囲い込み〟をする球団が出現しかねない。そうした制度の悪用を防ぐために、当時もルールが何度も変更されていた。

いらぬ勘ぐりをされるくらいなら、獲らない方がいい。

〝本流〟から外れている男は、あっさり除外されてしまう。

それが、日本社会の悲しい現実でもある。

２００１年（平成13年）秋のことだった。

メジャー昇格の夢が破れた後も海外でのプレーを続けていた根鈴は、当時ＮＰＢの選手会事務局長を務めていた松原徹に直接電話を入れた。

「トライアウトを受けさせてください」

その年から始まった「12球団合同トライアウト」は、シーズン終了後、ＮＰＢ球団を解雇された選手の中で、現役続行を希望する選手たちが一堂に会し、練習試合形式でその実力をアピールする場だ。日本のスカウトだけでなく、メジャー、韓国、台湾、最近では日本や海外の独立リーグ関係者も多数視察に訪れる。

松原は、困惑の色を隠せなかった。

「法大の頃から、君のことを知っているんだ」

実力は分かっている。その背景も知っている。

しかし、トライアウトは、ＮＰＢをクビになった選手を救済するために行う。選手会と経営者側との合意で決まったものだ。

「根鈴君を参加させると、例外になってしまう。ＮＰＢのコネがない。申し訳ないというのはある」

根鈴からの要望を、松原は認めることができなかった。

根鈴のケースは、日本で「プロ」になれず、米国に行った。NPBを経験していないから「アマ」という解釈になるのだ。

根鈴雄次というプレーヤーは「日本のプロ」ではない——。

しかし、それはあくまでも「日本国内」での解釈に過ぎない。

2002年（平成14年）に、オリックスのドラフト2巡目指名を受けたマック鈴木、2007年（平成19年）に、日本ハムから大学・社会人ドラフト1位指名を受けた多田野数人の2人は、日本でプロにならずに直接渡米、メジャーの舞台に立った。

マック鈴木は通算16勝、多田野も同1勝を挙げた、れっきとした「メジャーリーガー」だ。

「プロ」以外の何物でもない。

なのに、2人は日本の球団に入るためにドラフト指名を受けた。

野球協約には、日本のプロを経験していない選手は、指名を受ける必要があると記されている。

ドラフト指名を受ける。つまり、ステータスは「アマ扱い」だ。

メジャーでのキャリアは一切考慮されていない。こんな馬鹿げた話もないだろう。

さらに、アマ選手が日本のドラフト指名を拒否、米国の球団と直接契約した場合の「罰則規定」がある。

当該選手は、日本へ帰国しても高校卒なら3年、大学、社会人出身者なら2年、日本でのプレーができない。そのルールは、２００８年（平成20年）10月6日のＮＰＢ実行委員会で決定された。

その年、新日本石油ＥＮＥＯＳ（現・ＪＸ－ＥＮＥＯＳ）の投手で、ドラフト1位候補と騒がれた田澤純一が、12球団にドラフト指名を見送ってほしいという旨の文書を送付。全球団が指名を回避した。

田澤はその直後、ボストン・レッドソックスと契約した。

これを受けて〝田澤ルール〟が設定されたのだ。

お互いの国のドラフト候補選手には、手を出さないという日米間の紳士協定が破られたという背景に加え、アマのトップ選手の海外流出は、日本の野球界の空洞化につながる。その危機感から派生したペナルティーを、抑止力にしたいという発想からだ。

しかし、例えば日本を経ず、いきなり米国でプレーした選手がいたとしよう。残念ながら、実力が発揮できなかった。セカンドチャンスを探るために、日本に帰って、もう一度力を蓄えたい。そう考えたとしても、この〝田澤ルール〟に基づけば、日本のプレーヤーたちは、日本のプロですぐにプレーすることはできないのだ。

行っても構わない。でも、日本には戻って来られないよ。

そこに込められたメッセージは、あまりにも恐ろしい。

米国やヨーロッパの選手たちは、自らのキャリアを高め、技術を磨くためのチャンスの場を『世界』に求めている。

根鈴は、その姿を間近で見続けてきた。

「外国人の発想は、メジャーに行くために、自分のキャリアを上げようということ。だから、どこでもいいから、まずプロのキャリアをスタートさせるんです。メキシコ、台湾、ヨーロッパ。アメリカなら、アカデミーもいろいろありますしね」

メジャー球団を解雇された選手が、イタリアやオランダでプレーする。フランスやドイツの選手が、日本の独立リーグを目指す。

プレーができるチャンスを与えてくれる球団がある。だから、そこに行く。「プロ」として、実にシンプルな話だ。

国の枠などには、一切捉われていない。

一方で、日本の「アマ」が、日本で「プロ」のステータスを得るためには、ＮＰＢ球団にドラフト指名される以外に方法はない。

3Aであろうが、海外でれっきとした実績があっても、日本のルールの下では、根鈴はあくまで「アマ」なのだ。

「オランダ代表は、日本のトップと戦っている。オランダ代表だったら、日本に行けるわけじゃないですか。じゃあ、国籍を変えたら、俺だって、同じ土俵に立てるんじゃないかと」

だから「オランダ人」になろうとしたのだ。

日本の球団には「外国人枠」がある。

2002年（平成14年）から、1軍の外国人選手の出場枠は「4」に定められている。

根鈴は、その〝4枠〟を目指そうとしたのだ。

日本人の「アマ」なら、ドラフト指名を受けなければいけない。

しかし、オランダで根鈴がプレーしたのは、2006年（平成18年）のこと。33歳になっていた。

年齢的にはベテランの域にすら達した「アマ選手」を、ドラフト指名する球団が出てくるとは、常識的には考えづらい。

「でも、自分が『オランダ人』なら、テスト参加できるわけじゃないですか？」

日本でも、2月のキャンプで、外国人選手がテスト参加するケースがある。練習や実戦を通してその実力を確かめ、採用の是非を決めるというものだ。

日本のアマ選手なら、プロとの接触が厳しく制限されている「プロ・アマ規定」に基づき、プロチームの練習にはまず参加できない。

しかし、そのステータスが「外国人選手」なら、何の問題もない。

リスクは承知だ。不採用の可能性もある。仮に合格しても、実力が伴わなければ、1年でクビになることもある。

そうした諸条件を踏まえて「オランダ人・根鈴雄次」となる。

つまり、帰化して〝助っ人の立場〟になろうというわけだ。

プロではないと見なされる日本球界に対して「プロ」であることを宣言することでもある。

「オランダ人といっても、日本のことを、すごくよく知ってる外国人ですよ。お得だと思いませんか？」

冗談っぽい口調だったが、そのセールスポイントには、なかなかうなずけるものがある。生活環境やコミュニケーション面でうまく対応できず、日本でのプレーに支障をきたす外国人選手は多い。

「オランダ人・根鈴雄次」には、その文化的障壁はない。

現役メジャーのように、何億円も契約金をもらおうというわけでもない。まずは、プレーするチャンスが欲しいだけだ。

だから、給料のベースも低くても構わない。ネプチューンズでプレーしていた外国人選手の多くは、出場試合数や安打数に応じた出来高給をはじめ、条件をクリアすれば母国へ帰る時の航空機代を出すといった、生活に関わる諸条件を含めた、細かいインセンティブ契約を結んでいた。

つまり、活躍次第でサラリーは上がっていく。

そのチームメートたちが、日本でプレーするために、根鈴に勧めたのが「国籍変更」だった。助っ人として日本でプレーするだけではなく、国際大会では「オランダ代表」として戦う。五輪やW杯出場を目指そうと、サッカーでも、ラグビーでも、卓球でも、国籍を変える決断を下すアスリートは、世界中にたくさんいるのだ。

「お前なら、それで日本でやれるぜ」

オランダの仲間たちは、根鈴に真剣に説いたのだという。

根鈴が、妻の真衣と結婚したのは2006年（平成18年）。

オランダのロッテルダムにある「ネプチューンズ」でプレーした年だった。真衣も一時期だけ、オランダで根鈴と過ごしている。

飲食店のマネジャーだった真衣が根鈴と知り合った頃は、メジャーの夢が破れ、カナダでプレーしている頃だった。

「アメリカだって、そもそもメジャーしか分からないじゃないですか。3A、2A、1Aって説明してもらったんですけど、何のことかも分からなかったんです。その当時は日本に独立リーグもなかったですから。独立リーグって言われても分からなかったです」

メジャーまであと一歩。

それを報じた新聞記事を、真衣も見せてもらったという。

野球選手といえば、派手な生活をしているんだろうというイメージがある。つきあい始めたころ、家族をはじめ、周囲からも「野球選手なんて、大丈夫なの?」と心配されたという。

とはいえ、根鈴のように、NPBもメジャーも経験していないような選手だと、いくら「プロ」とはいえ、独身で生活するのもギリギリいっぱいのサラリーだ。真衣は、結婚後も「根鈴さんの給料だけでは食べていけませんから」と飲食店での仕事を続けながら、根鈴の現役生活を支え続けてきた。

それでも、オランダは「待遇がよかった」と真衣は証言する。

「オランダの選手って、シーズン中は野球、オフには郵便局とかでバイトしたりしているんですね。そんな中で、お金をたくさんもらっている、もらっていないというのが、野球のうまい、下手の基準になっているんです。そこのチームには、生粋のオランダ人ってのも少ない。オランダ人でも、キュラソー島とかから来ている。ベルギーとかチェコとかからも、プレーするために来ている。いろんな国の人がいたこともあったのかな。根鈴さんに対しても、人としての扱いがよかったんです。球団の人も『日本から来てもらっているんだから、これはこっちでやりますよ』とか、よく助けていただきましたからね」

生活に不安がなかった分、根鈴もプレーに専念できたという。

「米国では、野球をやるのに必死だったんです。生活を楽しむというのではなく、毎日、クビがかかっていましたからね。でも、オランダは違いました。生活面でもよかったし、シーズン中に何のストレスもなかったんです。オランダは最高でしたよ」

その年の打率・３５１はリーグ５位。３本塁打は同４位タイ、31打点も同３位タイ、二塁打15本はリーグトップだった。

打ちまくる日本人は、だから尊敬された。

オランダでプレーした11年後の２０１７年（平成29年）。

第４回ＷＢＣで、第２ラウンドに進出したオランダは日本と同組になり、試合は東京ドームで行われた。

根鈴はその時、オランダ代表の臨時コーチを務めた。

オランダ代表のオレンジ色のユニホームを着て練習に参加し、代表選手たちに打撃や日本対策のアドバイスを送った。

オランダは決勝ラウンドへ進出。２０１３年（平成25年）に続いて、２大会連続でのベスト４入りを果たしている。


オランダの人口は約１７００万人。

うち、野球の競技人口は１万５０００人程度と見られ、サッカーの１００万人に対してその差は顕著だ。

それでも、野球とソフトボールを統括する「オランダ王立野球・ソフトボール協会」が設立されたのは１９１２年。日本では大正元年にあたる。ＮＰＢ（日本野球機構）の設立は１９３６年（昭和11年）。東京六大学リーグの発足も１９２５年（大正14年）だから、オランダにおける野球の歴史は、日本よりも古いのだ。

２０１７年（平成29年）９月19日現在の世界ランクで、日本の１位に対し、オランダは８位。ＷＢＣでも、第３回（２０１３年）と第４回（２０１７年）で、いずれもベスト４に進出した。

１９５４年（昭和29年）から基本的に２年に１度のペースで開催されている「欧州野球選手権」でも、大会最多の22度の優勝を誇っており、２０１４、２０１６年には連覇を果たしている。

国内には「フーフトクラッセ」と呼ばれる国内リーグがある。

1部に相当するリーグには8チーム。

この中に、1割程度のプロ選手がいる。米マイナーから帰ってきた選手らが多い。給料は月1000～3000ユーロ（約14万～40万円）。大半の選手は野球以外の仕事との兼業。つまり、プロとアマが混在するリーグだ。

そのオランダから、日本にやって来る選手も多い。

2016年（平成28年）の第4回WBCで、オランダ代表の監督を務めたヘンスリー・ミューレンは、メジャーをはじめ、日本のヤクルトでもプレーした経験がある。

コーチを務めたアンドリュー・ジョーンズも、メジャー通算434本塁打を誇り、「AJ」の愛称で親しまれた強打者だ。日本の東北楽天でプレーし、2013年（平成25年）には、星野仙一監督のもと、球団初の日本一にも貢献した。

オランダ代表の4番打者、ウラディミール・バレンティンは、シーズン60本塁打の日本記録を持ち、2019年（平成31年）にヤクルトでのプレーは9年目を迎えた。

第4回WBCの第2次ラウンドで、日本戦の先発を務めたリック・バンデンハークも、2015年（平成27年）からソフトバンクの先発ローテーションの一角を担い、4年間で通算39勝。

198センチの長身右腕は、さらなる躍進が期待されている。

このように、オランダでもトップレベルの選手は、メジャーやマイナー、あるいはNPBでプレーができる。

ところが、彼らに続く3、4、5番手、つまり、国代表ではレギュラークラスでありながら、メジャーやマイナーでは実力が足りない選手がいる。こうした選手たちが、自分の実力を磨くために、日本や米国の独立リーグ、他のヨーロッパの国々を目指すのだ。

日本の野球レベルは高い。治安もよく、独立リーグレベルとはいえ、きちんとしたサラリーも出る。野球に専念し、きめ細かい野球を学べる。

彼らは、自分自身の実力を上げるためなら、国の枠などは問わない。それぞれの目標に応じた場所を選び、そこでプレーをする。

オランダに限らず、スペイン、チェコ、オーストリア、フランスといったヨーロッパ各国から、日本の独立リーグに続々と選手たちがやって来る。

キャリアを上げ、国の代表になり、さらにメジャーを目指す。

そうした意識を、当たり前のように持っている。

根鈴は、その姿を見続けてきた。

そんな同志たちに囲まれてきたからこそ『国籍変更』というプランが浮かんできたのだ。世界基準で見れば、決して奇想天外な発想ではない。日本の野球界と決別するとか、対立するという話でもない。『世界』という枠組で野球界を捉え、その中で自らの実力を見極め、自らが活躍できるその「場」を見いだしていく。

そうしなければ、生き残っていけない。

根鈴は「日本人」として考えるのではなく「野球人」として、自分の位置づけを考えたのだ。

「そういうことも手かなと思ったのかもしれませんね」

真衣は、夫の内心をそう推し量っていた。

徳島時代の根鈴

ここで、時を少し先に進めてみる。

根鈴は後に、プロ15球団目となる徳島で、39歳の時に現役を引退。2013年（平成25年）から、徳島の「アシスタントコーチ」に就任した。

ただ、そのポストを巡る〝解釈の違い〟から、根鈴は当時の徳島球団代表だった坂口裕昭（現・四国アイランドリーグplus

理事長）と対立することになる。

四国アイランドリーグｐｌｕｓでは、監督とコーチは「ＮＰＢ出身者」と定められている。より高いプロの技術を伝え、ＮＰＢに進む選手を育てる。そのために決められたルールでもある。

坂口は、この規定に抵触しない形で根鈴を指導者として球団に残すために、監督１人、コーチ２人に加え、新たな「アシスタントコーチ」という〝特例〟のポストを設定した。

ただ、その「補助」という肩書は「ＮＰＢ出身者でない」という規定があるために、坂口が苦心の末に編み出したものともいえる。

根鈴は、指導者として球団に残ってほしいという坂口の配慮には感謝しながらも、その理由付けが、どうしても我慢できなかった。

「僕は『プロ』です」

サラリーをもらって、５カ国でプレーした。正真正銘、プロのベースボール・プレーヤーだ。そのプライドは譲れない。

双方の言い分は、どちらも正解だから厄介だ。

坂口に、その真意を問うた。

「僕自身、ＮＰＢ出身者だけが指導者になるという規定には反対派なんです。むしろ変えたいと思っていたんです。ただ、規定を変えてでも、根鈴を指導者に残すのか。今の規約の中でも残せるようにするのか。それを考えた時に、特例でやるなら、スムーズに移行できるだろうと。だから『アシスタント』という肩書は、形式的な理由に過ぎなかったんです。そのあたりの真意がうまく伝わらなかったのは、今でも残念です」

組織としての原則論を貫いた上で坂口が指摘したのは、根鈴が見せてきた一連の態度と言動のことだった。

「彼は、思い込みが強すぎる部分があった。コーチになると、彼の指導ならば、10人選手がいたら、1人はすごくはまる。そういうやり方なんです。だから、指導者として、まずしっかりと勉強してほしい。経験を積んでほしいという思いもありました」

坂口は、根鈴と同じ1973年（昭和48年）生まれの同級生だった。しかも、同じ神奈川県出身。小学校時代には、リトルリーグで別のチームに所属していた根鈴と対戦したこともあったという。

坂口はその後、東京大学へ進学し、弁護士資格を取得。それでも野球愛が高まり過ぎて、神戸市内で弁護士をしていた2008年（平成20年）、その翌年から発足する関西独立リーグのトライアウトを「選手」として受験したほどだ。

弁護士という経歴を生かし、関西独立リーグで球団経営のアドバイスなどに乗っていたところを、四国アイランドリーグ（現・四国アイランドリーグｐｌｕｓ）の代表だった鍵山誠にヘッドハンティングされ、坂口は弁護士の活動を休止。２０１１年（平成23年）から、徳島の球団代表を務めることになった。

その年、根鈴は長崎から徳島へ移籍してきた。

共に歩んできたからこそ、見えてきたものがあった。

坂口は、赤字だった球団経営にメスを入れ、後に黒字化する道をつけていった。そうした理論も実行力もある坂口から見て、同級生の態度は、何とも危なっかしいものがあったのだ。

取材を通して、強く感じたことがある。

根鈴にしても、三好にしても、野球界の本流からは明らかに外れたキャリアだ。

それぞれが、前例なき道を歩んでいる。それが、彼らのプライドだ。取材する側としても、そこに魅力を強く感じるのは確かだ。

しかし、言葉や行動の端々に、にじみ出ている〝感情〟がある。

俺たちのやっていることは、理解されていない。

こんなにすごいことをやってきたのに、誰も振り向かない。

彼らに漂っているのは、とてつもない「無力感」だ。

異質の存在を、なかなか認めない均質的な日本社会の中で、まさしくアウトローの存在。マイノリティー中のマイノリティーだ。

分かってもらえない。どうせ、俺たちなんて。

ＮＰＢ出身じゃないから、バカにしてるんだろ。

彼らは、どこかしら、いつも「すねて」いるのだ。

その印象を、あえて根鈴にぶつけてみた。

その「すねる」という言葉に、ネガティブな響きがあるのは承知の上だったが、意外なことに、根鈴はあっさりと認めた。

「あります。すねてるっていうのですかね。それ、根底にありますね。僕らもＮＰＢの人を認めたくない気持ちがあるし、じゃあ、違うことをやってやろうじゃないかと。そういう気持ちはいまだに抜けませんよね」

強すぎるプライドが、既得権者への反発につながってしまう。

「そういうところ、確かにあるよね」

坂口も、根鈴の心情は理解できるという。

ただ、個人としての感情と、組織としての対応は別問題だ。毅然とした対応。立場を変えれば、それは「冷徹」にも映る。

しかし、坂口の信条は、決してぶれない。

「根鈴がアシスタントコーチで実績を積んでいって『いいコーチじゃん』となれば『規約はいらないよね』となってくる。でも、いきなり規約を変えようとすれば、あちこちでハレーションが起こって、喧嘩してしまったりする。そういう戦い方じゃなくて、今のルールの中でやれることを最大限にやって、小さな成果を見せていければ、だんだんと変わってくるはずなんです。そうなるまで、一緒にやってほしかったなという思いはあります。根鈴と思いは一緒だったはずなんです。ただ、理念は共有できても、目的に対する『手段』が違ったんでしょう」

根鈴は徳島でアシスタントコーチを1年間務めたが、そのシーズン限りで退団、地元の神奈川県へ戻ることを決めた。


NPBの球団を解雇され、次なる世界へ進もうとした時、ヨーロッパの球団から、声がかかるプレーヤーがいる。

日本の独立リーグで、現役を続行する選手も増えた。

しかし、周囲に相談すると、必ずこういう反応が返ってくる。

「そこまでして、野球をやりたいのか?」

妻の真衣は、息子の風大がプレーするチームで、根鈴がコーチを務めている今でも、子供たちに聞かれることがあるという。

「根鈴コーチは、プロだったの？」

プロなのか、アマなのか。

日本での判断基準は、NPBでのプレー経験の有無という「二者択一」でしかない。そうすると、ヨーロッパに行く、独立リーグでプレーをするというキャリアは、いわば意味を持たない。

根鈴が3Aへ昇格した時、日本で心ない評判が立ったという。

「法大の補欠が3Aなんて、米国もたいしたことねえな」

〃プロ崩れ〃という言葉もある。つまり、日本でプロになれなかったから、米国やヨーロッパへ〃逃げた〃。

それで「プロ」を名乗っているというわけだ。

日本のプロより上なのは「メジャー」だけ――。

だから、メジャーに対してはいまだに「挑戦」という言葉が使われている。韓国にも、台湾にも、オランダにも、イタリアにも「プロ」はいる。しかし、そこに「チャレンジ」とは言わない。

その偏見、固定観念は、一体何なのだろう。

そうした「単純な図式」に、自らのキャリアが落とし込まれていることへの疑問が、根鈴の心からは消えない。

「アメリカの3Aは、プロですよ。でも、日本に帰ってきたらプロじゃない。NPB出身じゃないと言われますけど、じゃあ、僕はMLB出身ですよ。それが認知されていない。日本ではNPBだけがプロ。僕はNPBではアマ扱いされるのに、アマではプロ扱い。いまだに、そこは微妙ですもんね」

2016年（平成28年）2月。

根鈴は「アマ資格」を回復するために、学生野球資格回復制度の研修会を受講した。

その後、適性認定者として発表された根鈴の「最終球団」として記されていたのは「徳島インディゴソックス」だった。

日本の独立リーグ選手だった「元プロ」という解釈だ。

すると、もし仮に、ツインズのマイナー球団でコーチを務める三好が、日本に戻って来て、高校野球の監督になるとする。

その時、三好にはどういう手続きが必要になるのか。

NPB未経験。すると、現行の解釈では「アマ」だ。

「アマ」の人間が「アマ」の指導者になるのには、何の問題も生じない。しかし三好は、米国でプロ選手の指導を行っている。

つまりは「プロのコーチ」でもある。

プロの指導者が、許可なくアマの直接指導をするのは、日本では御法度だ。その「プロ・アマ」のルールの是非を問うのは、この章の本意ではない。ただルールが現存する以上、それに則した形でそれぞれの事柄を、厳密に判断する必要がある。

ならば、アマ資格回復の講習を受けるとしよう。

三好には、ＮＰＢでも、独立リーグでも、日本のプロ野球球団の中に「元所属チーム」がない。ところが、受講にはその「元所属チーム」からの手続きも必要なのだ。

根鈴しかり、三好しかり、現行のカテゴリーには収まり切らない日本人の選手が、これからの時代には、間違いなく増えてくる。

「鎖国し続けられなくなった時が来て、文明開化が起こるわけじゃないですか。変わらざるを得ないポイントが来る。その時、僕らが必要とされる人材でいればいいかなと思うんです。でも日本って、本筋、王道、それ以外の多様性が全くないじゃないですか。もったいないと思いますよね」

三好の「たとえ話」が、胸にすとんと落ちてきた。

彼らが「希有な例外」でなくなる時が、近い将来に、必ずやって来る。その時、日本の野球界は、どう対応するのだろうか。

学生野球資格回復制度にＮＰＢ、ＩＰＢＬ（日本独立リーグ野球機構）に在籍経験のない「海外プロ球団出身者」も受講可能と明記されたのは、２０１８年（平成30年）からだった。

まさしく、時代の流れを象徴する〝追記〟でもある。日本のローカルルールでは、もはや対応できなくなってきたのだ。

根鈴が「国籍変更」を考えていたその頃、日本の野球界にも、大きなうねりが起ころうとしていた。

新しい独立リーグが、もう一つできる――。

根鈴がオランダでプレーしていた２００６年（平成18年）、四国アイランドリーグ（現・四国アイランドリーグｐｌｕｓ）は発足2年目だった。

当時は、「若き野球人を育てるため」という観点から、プレーする選手は「25歳まで」という年齢制限を設けていた。

しかし、新たに立ち上がるベースボール・チャレンジリーグ（現・ルートインＢＣリーグ＝ＢＣＬ）には当時、その年齢制限がなかった。なお、２０１８年からは、オーバーエイジ枠を除く選手年齢の上限を26歳とする規定が設定されている。

ここなら、俺もプレーできる。

「ぜひ、このリーグでプレーさせてほしい」

根鈴は、自らのキャリアと、その熱き思いをしたためた自己推薦文を、オランダから新潟のリーグ準備室へＦＡＸで送信した。

「速攻でしたね。村山さんから、すぐに連絡が来ました」

ＢＣＬ代表の村山哲二が、根鈴に直接コンタクトしてきた。

日本に新たなる「野球文化」を広めていこうという高い理想を抱いていた村山にとって、海外の独立リーグで豊富なキャリアを積んできた根鈴は、その伝道師として、うってつけの存在だった。

２人は、即座に意気投合した。

よし、日本でやってやるぞ。

日本の野球界に、新たな流れを創りたい。

33歳の根鈴雄次には、その使命感が満ち溢れていた。

第8章 日米野球摩擦

「野球」と「ベースボール」。

同じ競技を示す言葉でありながら、日米における「スポーツ」の捉え方の違いを示す典型的な例として、この「2つの言葉」が取り上げられるケースが、よく見受けられる。

いわく——。

「ベースボール」に続く動詞は「ｐｌａｙ」。訳せば「遊び」。

だから、米国では「ベースボール」を楽しむのだ。

一方、日本における「野球」は、教育の一環であり、単なる競技としてだけではなく、心身を鍛える意味合いも強く帯びている。

象徴的なのが「野球道」という言葉だろう。

剣道、柔道、武道。その「道」を極めるという、実に日本的な発想から生み出されているとも言える。

同じルールで、同じ道具を使って行うはずなのに、これほどまでに捉え方が異なる。両国民の気質や風土の違い、発想の方法などあらゆる要素が絡み合い、影響していることは間違いない。

議論百出のその論争に、ここで答えを出そうというのではない。

ただ、根鈴雄次の長いキャリアの中には、そうした〝ギャップとの闘い〟という一面が、色濃くにじみ出ているシーンが多い。

スポーツとして、エンターテインメントの一環として、野球をとことん、心から楽しむのか。

苦労の先に栄光をつかむ。夢と目標のために、すべてを犠牲にして、その道を貫いていくのか。

どちらがいい、悪いではない。

ただ、根鈴は両方の良さも、そして欠点も知っている。

その狭間の中で、根鈴の感情が爆発した試合があった。

それは、日本の独立リーグの存続を左右する〝大事件〟と化した。

ベースボール・チャレンジリーグ（現・ルートインBCリーグ。以下ＢＣＬ）は、２００７年（平成19年）に発足した。

村山哲二は、発足当初からリーグ代表を務めている。

リーグの創設に乗り出すまでは、世界を代表する広告代理店「電通」に9年間勤めていたサラリーマンだった。

その間、生まれ育った新潟で、サッカーのＪリーグ・アルビレックス新潟の広告とイベントを担当。新潟が、Ｊリーグの下部組織であるＪＦＬからＪ２、Ｊ１へと駆け上がっていく間、組織としての成長過程を、その間近で見続けてきた。

「アルビ」の略称で親しまれている新潟は、その当時、人口81万人だった新潟市を本拠地としながら、Ｊ１昇格の２年目となる２００５年（平成17年）に主催17試合で68万１９４５人と、当時のＪ１最多観客動員数をマークしている。

地元サポーターを中心とした熱心な応援をはじめ、物心両面での支援態勢は、いまや地方を本拠とするプロスポーツの「お手本」とまで称されている。

「クラブがＤＶＤのソフト、町がＤＶＤプレーヤー。そう考えれば、よく分かるんじゃないですか？　ハードが存在するだけでは何も起こらない。スポーツというソフトを入れて、初めてハードが稼働するるじゃないですか」

停滞する地方経済に活気を与え、地域住民の誇りを生む。

ＢＣＬをそうした「地域のシンボル」へと育て上げたい。

それが、村山の描く理想像だった。

新潟・柏崎高では硬式野球部に所属し、１浪後に進学した駒大でも準硬式野球部でプレーを続け、キャプテンも務めた。

「ＮＰＢとは、違うものを創らないといけない。そうしないと、我々がリーグを創る意味はない」

だから、ＢＣＬの選手たちは、ひげ、長髪、茶髪は厳禁だ。

「子供たちの野球教室で、だらしない格好の選手が教えたところで、子供が言うことを聞きますか？」

無精ひげでグラウンドに立っている選手に、村山はその場でひげ剃りを手渡して「剃ろうよ」。

プレーボール前とゲームセット直後には、両チームの選手が一塁ライン上、三塁ライン上にそれぞれ一列に整列し、高校野球や大学野球と同様、互いに一礼を交わした後、スタンドのファンに向かって、帽子を取って、深々と頭を下げる。

プロスポーツは、相手を「敵」として、いわば叩きのめす、仮想の戦争ともいえる側面がある。そこに、チームを応援するファンにとってのカタルシスもあるのだ。

「これから戦う相手に、どうして頭を下げるんだ？」

村山の掲げたリーグ方針に対し、ＮＰＢでのプレー経験がある一部の監督たちが反発したという。

俺たちは、アマチュアではない。

反対した「プロの矜持」も、当然のことだろう。責められるものでもないどころか、そのプライドは、プロにとって不可欠だ。

しかし、村山はこの部分だけは、絶対に譲らなかった。

礼に始まり、礼に終わる。

それは「野球場の内外を問わず、地域と、地域の子供たちの規範となる」という「ＢＣＬ憲章」に基づいた方針の一環でもある。

地域と、地域の子供たちのために

ＢＣリーグは、地域の子供たちを、地域とともに育てることが使命である。

ＢＣリーグは、常に全力のプレーを行うことにより、地域と、地域の子供たちに夢を与える。

ＢＣリーグは、常にフェアプレーを行うことにより、地域と、地域の子供たちに夢を与える。

ＢＣリーグは、野球場の内外を問わず、地域と、地域の子供たちの規範となる。

「僕たちの『命』です。何よりも最も大切にしなければならない。ファンへのマニフェストだと思っています」

２００９年（平成21年）に制定した4項目から成る憲章を、村山はこう表現する。

この〝憲法〟を策定するきっかけとなった事件がある。

根鈴が試合中に見せた１つの「ポーズ」が引き金になった――。


２００８年（平成20年）6月13日。

群馬県前橋市の敷島公園野球場（現・上毛新聞敷島球場）で行われた、群馬対新潟戦でのことだった。

新潟時代の根鈴

根鈴は、新潟で2年目のシーズンを迎えていた。

その時、リーグ最年長の34歳。それでもパワーは健在だった。前年の07年にもリーグ3位の10本塁打（72試合制）をマークするなど、コーチ兼任ながら中軸を打つこの男の技術と力は、独立リーグの若手選手たちに、全くひけを取らなかった。

この日も「5番」に座っていた。

上信越地区で前期優勝を激しく争っていた両球団の間で、互いに死球をぶつけ合うという〝報復合戦〟が展開された。

主力打者が当てられたら、投手は相手に当て返す。

メジャーリーグでは、チームメートを守るための、それが「ｕｎｗｒｉｔｔｅｎ　ｒｕｌｅ」（暗黙のルール）とも言われている。

新潟の４番・青木智史は元・広島の選手で、米マイナーの１Ａでもプレー経験がある。その主砲が、この日だけで２死球を受けた。

根鈴の目の前で脇腹にぶち当てられ、その場にうずくまった。

米国では、チームの監督を「ｓｋｉｐｐｅｒ」と呼ぶ。

日本語に訳せば「船長」だ。

「僕らは、同じ船に乗っているわけですよ。乗組員が危ない目にあった時、船長は命がけで助けに行かなきゃいけない。それが俺の見てきた世界なんです」

根鈴は兼任コーチも務めていた。選手がやられたら、やり返しに行かなければならない〝責務〟があった。しかし、フェアに戦うというリーグ内の取り決めがあったから「乱闘に行かなかった」。

メジャーの「ｕｎｗｒｉｔｔｅｎ　ｒｕｌｅ」に基づけば、次のイニングで、新潟の投手が群馬の打者にぶつけるのが〝筋〟だ。

しかし、ここは日本だ。

投手は謝る。野手はそれを受け入れる。当てられたら、当て返すという、報復の文化ではない。

根鈴はこらえた。それでも、このままでは男がすたる。

俺の大事な仲間たちを傷つけやがって。お前ら、なめるなよ。

集中力が、最大限に研ぎ澄まされた。

死球直後の初球。内角の厳しいところは投げづらい。

それが投手心理だ。案の定、根鈴への初球のスライダーが、右の肩口付近から、真ん中の方へと滑ってきた。

メジャーで「ハンガー・スライダー」とも呼ばれる絶好球だ。

快音が、球場中に響き渡った。

打球は、右翼席へと一直線に飛んで行った。死球直後の初球を本塁打。これぞ、正真正銘のリベンジだ。

「おい、何回当てるんや。そんなピッチングしてるから、俺に打たれるんだ。『ざまあみろ』という気持ちでしたね」

鬱積していた怒りのマグマが、打った興奮という刺激が加えられたことで、根鈴の心の中で、一気にスパークした。

一塁ベースを回ったところで、根鈴が吠えた。

「死ね」

二塁ベースを回ったところで、マウンドの方向へ顔を向けた。

「ボケ」

投手に向かって怒鳴り上げ、自分の首に当てた右手の親指を、右方向へ、真一文字に動かした。

『ギロチン・ポーズ』――。

その瞬間、球場全体が水を打ったように静まり返った。

凄惨な、殺伐としたその空気に、スタンドで観戦していたユニホーム姿の子供たちが、恐怖のあまりに泣き出した。


BCLは、リーグ創設当初から、地域に根ざすプロスポーツとして「地域貢献」の重要性を掲げていた。

地域のために。そして、子どもたちのロールモデルになる。

その一環として、週末の試合後には地元の少年野球チームを対象とした野球教室を行っている。その日のスタンドでも、多くのユニホーム姿の選手たちが、試合を観戦していた。

その目の前で行われたあまりに醜い試合内容と根鈴の言動に、ある少年野球の指導者が血相を変え、村山に詰め寄った。

「あなたたちのやっていることは〝詐欺〟だ。こんな野球を、子供たちに見せられるわけがない。もう、二度と試合には来ない」

村山は、その時の衝撃を今も忘れないという。

「何度も自問自答しました。分かったことがあるんです。俺が悪いんだと……。我々がここで野球をしている、その意義を伝え切れていないから起こったこと。それは間違いなく『最高責任者』の責任なんです。じゃあ、どうしようかと」

村山は半年にわたり、６球団の代表と幾度となく話し合った。

痛恨の反省から生み出された〝涙と汗の結晶〟。それが「ＢＣＬ憲章」に込められたメッセージだった。

「自分に、背骨ができました。右に行くのか、左に行くのか。自分が何かを決断する時、その判断基準は『憲章』なんです」

毎年、各球団に入団した新人選手全員が一堂に集められる。「ＢＣＬ憲章」の重要性を、村山の口から直接伝えるためだ。

目には目を、歯には歯を——。

An eye for an eye, a tooth for a tooth.

ハムラビ法典にも、旧約聖書にも、新約聖書にも出てくる。

「やられたら、やり返せ」のニュアンスが強いように映るが、その一方で、過度な報復を防ぐための法でもあるといわれている。

故意の死球を、決して容認するのではない。

ただ「怒りを断ち切る」という観点でみれば、メジャー流の〝報復措置〟にも多少、うなずける部分はある。

元・広島のエース・黒田博樹の例を、ここで挙げてみたい。

黒田のロサンゼルス・ドジャースでの在籍1年目、２００８年（平成20年）10月12日、本拠地・ドジャースタジアムでのフィリーズ戦でのことだった。

ナ・リーグのチャンピオンシップシリーズで、ドジャースはフィリーズに2勝され、迎えた第3戦。この試合に負ければシーズンが終わるという剣が峰の一戦で、黒田は先発のマウンドに立った。

伏線は、第2戦にあった。

捕手のラッセル・マーティンと、主砲のアレックス・ラミレスに相次いで、頭部付近へのビーンボールを投げ込まれた。

やられたら、やり返す。

それが、メジャーの「ｕｎｗｒｉｔｔｅｎ　ｒｕｌｅ」だ。

しかし、ドジャースの投手陣は、その試合で何一つとしてやり返すことがなかった。つまり、当てに行かなかったのだ。

野手だけではない。地元のファンから不満が高まっていた。

そんな弱腰だから、負けるんだ――。

第３戦、マーティンが再び狙われ、死球を当てられた。

やられっぱなしで、終われない。


３回のことだ。

黒田は、フィリーズのシェーン・ビクトリーノに対し、94マイル（約１５１キロ）の直球を投げ込んだ。

その球は、ビクトリーノの頭上を通っていった。

黒田の身上はコントロール。絶妙のコースにボールを出し入れする技術がある。その右腕が、そんな球を投げるはずがない。

そこに、はっきりとした〝意図〟が見えた。

フィリーズのベンチから、血相を変えた選手たちが飛び出し、黒田のもとへ詰め寄ろうとしていた。

その時だった。

レフトの守備位置から、ラミレスがマウンドへ向かって猛ダッシュしてきたのだ。

あいつは、俺のためにやってくれたんだ。

だから何があっても、俺はあいつを守るんだ。

その強い思いが、ラミレスを突き動かしていた。

「ヤツは、サムライだよ」

マーティンは、そう言ってうなずいた。

黒田がその1球に込めたメッセージは、仲間たちにしっかりと伝わったのだ。

ビーンボールは、ルールで固く禁じられている。なのに、MLBの公式ホームページで、黒田はこう評された。

「たった1球で、黒田はチームメートの信頼を勝ち得た」

地元のロサンゼルス・タイムズ紙も手放しで絶賛し、こう報じた。

「デッドボールを与えると謝罪する国から来た男が、3500万ドル（35億円＝黒田の3年契約での年俸総額）の価値を証明した」

ルールに反する危険球を投じたことで、黒田はメジャーリーガーとしての矜恃を示したのだ。

日本なら、死球を与えると、帽子を取って頭を下げる。

一塁まで行くと、一塁手までもがバッターに謝っている。当てられた方も、じっと我慢。それが日本の野球だ。

しかし、アメリカは違う。やられたら、やり返せ。

やられっぱなしでは相手になめられる。勝負の世界で、それだけは許されない。だから、ビーンボールを投げるのだ。

体すれすれ、頭すれすれ。それは〝警告〟を意味している。

本当に当てるなら、腰から下という暗黙の了解まである。

お前らも、黙ってはいないんだな。それが分かれば、互いに引く。

根鈴は、その流儀の中で、戦い続けてきた。

だからこそ、許せなかったことがあった。

群馬の選手たちが見せていた、一連の〝態度〟だった。

「汚いヤジはやめよう」

独立リーグの「選手育成」という観点に立ち、ＢＣＬの発足時から、各球団間で確認されてきたことだった。

日本では、ベンチから相手を大声でヤジることが、チームの闘争心を高め、雰囲気を前向きにするといった、美徳のように考えられている面がある。

根鈴は、自らの国際的な経験則をもとに、こう忠告する。

「日本風にヤジり倒したら、米国だったら即ケンカになってしまいますよ。日本なら、打席に立っている時にも、その打者を平気で野次ったりする。そんなことは、世界の野球界ではありえないんです。世の中っていうのは平和じゃないという前提で、物事は考えられていますから」

北米、中南米、ヨーロッパ、アジア。メジャーもマイナーも、まさしく人種のるつぼだ。ある国のジョークが、別の国では中傷と聞こえるかもしれない。不要な文化摩擦を避ける。スポーツの世界での「ルール」は、その共通認識でもある。

ところが、群馬は「とにかく、ひどかったんですよ」。

ベテランの立場で、他のすべての選手より年上の根鈴が打席に立った時、大声ではやし立てた群馬の選手がいたという。

「おいおい、こんなヤツ、打てるのか」

根鈴はタイムを取り、群馬ベンチに向かって怒鳴り返した。

「今、『こんなヤツ』って言ったのは誰だ」

死球を当てて降板した投手が、ベンチ前で他のナインとハイタッチをしているシーンも目撃したという。

「それって、一体どういうことだって思いますよね。勝てばいいという野球はやめよう、手段を問わないやり方はやめよう。そういう取り決めだったはずなんですよ」

プロとして、互いへのリスペクトすら感じられない。

そんな状況の中で、死球への報復といったメジャーの〝風習〟だけは、そっくり真似しているのだ。

その理念も全く理解せず、表面だけでプロ風情の空気を醸し出している姿が、根鈴は我慢ならなかったのだ。

心の奥底に、不信感と怒りが渦巻いていた。

「今でも、克明に覚えていますよ。二塁ベースを回ったところでやりましたからね」

ビジターの新潟のベンチは、三塁側だ。

だから、監督を務めていた芦沢真矢は、根鈴のギロチン・ポーズを、その真正面から見る格好になったという。

「ああ、やっちゃったな。そう思いました」

騒然とした空気の中、根鈴がホームベースを踏むと、一塁側ベンチから、群馬の監督・秦真司が飛び出してきた。

「てめえ、ふざけるな」

根鈴に怒声を浴びせながら、芦沢に詰め寄った。

「しっかり教育せんかい」

激高した秦は、芦沢の左肩を思い切り突き飛ばした。

芦沢は、秦の４歳年上になる。ヤクルト時代には、同じ捕手のポジションで、切磋琢磨した間柄だ。

先輩に、手を出した。

野球界どころか、社会人の世界でもあり得ない暴挙でもある。

「何するんだ」

新潟の選手たちが、秦に飛びかかろうとした。

「出るな」

芦沢が、大声を張り上げた。選手たちを必死に止めた。

「ファイティング・スピリッツを見せるのは大事。でも、もめる場所じゃない。このリーグは、そんな場所じゃない」

ぐっとこらえた。

秦の怒りを「甘んじて受けた」という。

芦沢には、根鈴の思いも、秦の思いも理解できた。

「それまでのいきさつ、それまでの野球観の違いですから」

芦沢は1975年（昭和50年）のドラフト5位指名を受け、ヤクルトに入団。捕手として13年間の現役生活を終えると、広島で1軍バッテリーコーチ補佐やブルペンコーチなどを歴任した。

会社員生活も経験した後、四国アイランドリーグの香川、さらに新潟と、独立リーグの監督を歴任。その両球団でリーグ優勝に導くなど、その指導力にも定評があった。

アマ資格を回復した後、2015年（平成27年）4月からは東京・昭島市の啓明学園高で野球部監督も務めている。

野球への情熱は、人後に落ちない。

1998年（平成10年）からは3年間、台湾でコーチを務めたこともある。異国での野球生活。いくら好きな野球に専念できるとはいえ、生活習慣や風習の違いに、戸惑うことは多々ある。

だからこそ、根鈴には同じ熱さを感じ、年下でありながら、敬意を抱いていたという。

「アメリカで、一匹狼で生きてきた。日本なら、挨拶をして、先輩に助けてもらって……といった、そういうこともない。なめられちゃいけない。そういう世界で生きてきた。僕らが経験していない、すごいところで生きてきたんです。当時も、すごく肩肘を張っていましたよ。僕から見ても、いっちょやってやろうという気持ちが大いに見えました。プロには、その闘争心が必要なんです。相手に負けないスピリットが大事。根鈴には、それが全面に出ていました。でもあの時は、その『度』が過ぎたのかもしれません」

ギロチン・ポーズに込められていた思いが、芦沢には、瞬時に分かったのだ。

その一方で、秦の怒りも、芦沢は受け止めていた。

秦は、根鈴と同じ法大出身だった。

新潟の練習中、兼任コーチの根鈴は、選手たちのバッティングを見るために、打球よけのために張られている打撃ケージの背後に椅子を置き、座りながら見ていたという。

日本のコーチは、ケージの後ろや横に立つのが普通だ。座って見て、コーチングするのは、米国のスタイルだ。

芦沢は「こういうのもあるんだな」と、一切とがめなかった。指導のスタイルは、各人それぞれだ。

しかし、秦には許せなかった。

芦沢が立っている。根鈴が座っている。野球界の秩序としておかしいと感じるのは、日本の縦社会の理屈でもある。

「あんなこと、させちゃいけませんよ」

秦は何度も、芦沢に言いに来たという。法大の先輩として、不遜にも映る後輩の態度が、どうしても許せなかったのに違いない。

お前、先輩に恥をかかせる気なのか。

怒り、悲しさ、空しさ。

秦の内心で積もり積もったものが、根鈴のギロチン・ポーズで一気に爆発したのだ。

突き飛ばされた肩に残った衝撃に、後輩の思いが伝わってきた。

群馬の球団社長・堀口芳明は、ホームベースの後方に位置している、ネット裏の球団関係者用ブースから、この試合を見ていた。

根鈴のギロチン・ポーズが、その後も尾を引き、リーグ全体を巻き込む大事件になるとは、その時、思いもしなかったという。

「やろうというスポーツのあり方、解釈の違いですよね。あのシーンだけを切り取ると、背景にどんなことがあっても、擁護はできないですよね。彼のことを理解していない人たちが、その一現象だけを見て、100％悪いとなった気がします」

報復合戦。その決着を、実力で示した。その感情の発露が、行き過ぎただけ。野球には〝そういう要素〟もある。

堀口も、当初はそう考えていたという。

「彼を感じる側の私たちの立場で、理解が足りなかったのかもしれませんよね。じゃあ、ホームランを打った後のガッツポーズと彼のやった行為は、どう違うのか。それは、感じ方の問題だったりしますよね。ヒール（悪役）を喜ぶ人もいる。サービス精神のひとつかもしれない。たとえがいいのかどうかは分からないけど、プロレスだったら、そういうこともあるじゃないですか。プロなら、こういうこともある。そこですよね。

我々も、リーグに参入して、地域のために、子供たちのためにというその理念を『一丁目一番地』にしないとやっていけない。その理念と同調して、根鈴の反応が悪いんだという論調についてしまったところはありました。もし仮に、リーグの理念がなく、単純に起こっているプロスポーツとしてのパフォーマンスとしてなら、一緒に楽しんだかもしれない。そういう自分がいることも、また確かなんです」

堀口に〝ギロチン事件〟に関する、この総括を語ってもらったのは、２０１７年（平成29年）９月のことだった。

あれから、10年近くがたった今でも、あの時の反応がどうだったのか、正しかったのか。堀口の中でも、いまだに明確な答えは出ていないのだという。

根鈴という男の歩んできた道のり、キャリア。それらを踏まえて見れば、あのポーズは『あり』なのだ。

一方で、地域の子供たちの規範になるというリーグが掲げる理念という観点に立てば、相手をおとしめ、揶揄《やゆ》したとも映る一連の言動は、絶対に『ない』のだ。

監督の秦は、その理念に深く賛同していたからこそ、監督を引き受けてくれたのだという。

堀口は、それも分かっている。

「根鈴君の行為を認めることは、秦は１００％ないですよ。４年近く付き合いましたが、それは間違いなく『ない』と言えます。我々以上に日本的というか、浪花節、気持ちの強い人です。彼の人格や人生が、そこにあったと思うくらい強いですね。リーグの理念を理解する以前に、彼自身の哲学、考えの根底に、こんなことがあっちゃいけないというのが、あったと思うんです」

エンターテインメントなのか、教育的観点なのか。

侮辱、怒りと受け取るのか。

カタルシスであり、ショーマンシップと見るのか。

そこを踏まえなければ、秦の怒りも、根鈴の行動も、その真意は決して伝わらないだろう。

プロとして、プレーを続けてきた『環境』が、まず違う。

秦は、NPB。

根鈴は、米国、カナダ、メキシコ、オランダ。

芦沢は、NPBと台湾。

そのキャリアの違いが、行動の解釈に影響するのは間違いない。

ただ、目の前の現象だけを捉えれば、根鈴の非紳士的行動に、秦が怒りを爆発させたということ〝だけ〟になってしまう。

そんな表層的な現象ではない。

堀口はそう感じたからこそ、根鈴が集中的に非難を受けてしまったことに、後悔の念もあるという。

その一方で「地域のために」「子供たちのために」というリーグの大義名分を、単なる理念ではなく、具体的なアクションとして示し、落とし込むための契機にはなったのではないかという、経営者側としての、ある意味、冷徹な見方も示してくれた。

「過剰な反応をすることで、リーグが〝立ち位置〟を表したかったのも（村山リーグ代表には）あったと思いますよ。それで明確になりましたからね。私たちにしても、リーグに関わり始めた時でしたし、フェアプレーやスポーツマンシップ、プロスポーツというものは何かと考えた時に、背負っている立ち位置によって、どういう反応をしたらいいのか考えてしまいますからね。あの時は、そこまで考えていなかったんです。ただ、予想以上に大きな反応だったですね」

井野口祐介は、群馬のライトを守っていた。

群馬・桐生市立商で、3年夏に甲子園出場を果たしている。

平成国際大を経て、2007年（平成19年）に、BCLの富山へ入団。その年、打点王を獲得したスラッガーは、翌2008年から、故郷の群馬に移籍していた。

後に井野口は、米独立リーグでプレーする。

だから、根鈴の生き様に、かねてから強い関心があったという。

「根鈴さんに興味があったし、面白いなと思っていたんです」

根鈴も、同じ空気を感じ取ったのだろう。

挨拶に行くと、筋骨隆々の井野口に「体、でかいねえ」。

打撃練習を見て「パワーあるねえ」。

そうやって、試合前には親しく話すようになったという。

その根鈴の打球が、自分の頭上を越えた後のことだった。

「ライトまで『死ね』って聞こえましたよ」

ギロチン・ポーズの瞬間、球場の空気が変わった。

監督の秦が、激怒しているのが分かった。

両チームがもめているのも、外野からよく見えていた。

「周りは、根鈴さんのことを知らないで見ている。だから『なんだ、あの人?』となるじゃないですか。でも、別にいいんじゃないかと。あの行動は〝単品〟ではなくて、伏線があってじゃないですか。死球連発、ぽんぽん当てられても静かにやってるなんてね。でも、こっちだってわざと当てているわけじゃない」

野球というスポーツには、エンターテインメントの要素もある。

井野口がそれを実感したのは、根鈴のように、アメリカの独立リーグに挑戦した２０１２年（平成24年）だったという。

「アメリカだと、乱闘自体も楽しむんですよ。ショーというか、ゲームの一部です。でも、日本だとそういうのはタブーみたいな感じじゃないですか。あのポーズも、ただ考えが違うだけ。やった場所が悪かったんじゃないかと思うんです。アメリカだったら、何の問題もないと思いますよ。ヤジだって、ばんばんくる。日本だと『子供が見てるのに、なんだ』ってなりますから」

その場面だけを切り取れば、明らかに『悪』だ。

ただ、そうした恣意的な伝え方が、今の日本には多すぎる。

その戸惑いの中で、井野口は冷静に見つめていた。

「だから、どっちがいいとか悪いとかの話じゃない。この議論にはゴールがないですよね」

日本と米国。

両方のキャリアを持つ野球人の結論は、実にクリアだった。

根鈴の妻・真衣は、息子の風大と一緒に、三塁側のスタンドで観戦していた。

夫が打席に立つ。

すると、敵地の群馬では、ブーイングが起こるのが常だった。

筋肉でパンパンの大きな体を揺らし、肩で風を切り、それこそ「のっし、のっし」と音がするような、ゆったりとした足取りで、ウエーティングサークルから、打席に歩いてくる。

足場をならし、投手をにらみ、バットを構える。

その一挙手一投足に「長い」とヤジが飛び、尊大にも映る態度に対し、審判たちから目をつけられていた。

際どいボールに「ストライク」。

すると、根鈴が球審を見て「えっ?」という顔をする。

球審が「何だ?」とにらみ返す。

日本では「マナーが悪い」と受け取られる行動でもある。

「あれはあれで、彼のネタだったんですよ」

真衣は、米国でも、オランダでも、海外での根鈴のプレーを見続けてきた。スタンドの空気も知っている。エンターテインメントとして、野球をエンジョイする。観客も、そのスタイルで見ている。

審判とのちょっとしたやりとりにしても、あの時のギロチン・ポーズにしても、真衣には、その解釈の延長線上にあった。

「ちょっとしたジェスチャーの一環だと思いました。だから、そこまでの状態になるとは思いもしませんでした」

味方が食らった死球に対して、こちらは実力でお返しした。これもベースボールの醍醐味。米国なら、拍手喝采のシーンかもしれない。

真衣は、そう思いながら見ていたという。

「根鈴さんは、相手から『首狙え』って言われて、おしりに当てられて、ボールがその場にぺちっと落ちる。そういう中で生きてきたんです。やったら、やり返される。当ててるんだから、相手からいいと思われているわけがないんですよ。ショービジネスなのか、神聖な、高校野球みたいなものなのか。そこは正反対ですよね」

闘いなんだ。きれいごとじゃない。

それは、世界を転戦してきた夫を、最も間近で見てきた妻だからこそ、体感できたことでもあった。


ギロチン・ポーズの影響は、長く尾を引いた。

まず、根鈴に対して「スポーツマンらしくない行動」として、3試合の出場停止処分が下された。

村山からは「根鈴選手の行為は、いかなる理由があろうとも許される行為ではなく、猛省を促します」のコメントが発表された。

本塁打を打たれた群馬の投手・富岡久貴は、かつて西武ライオンズからドラフト1位指名を受けた元NPBのプレーヤーだった。

その富岡も、心中穏やかではなかったのだろう。根鈴の行為に対し、自らのブログで怒りのコメントを書き込んだ。

これがネット上で大騒ぎになり、リーグからは「ブログの内容がファンをあおった」として、富岡にも注意処分が下った。

根鈴は、その年の10月2日にも、群馬との試合で、本塁打かファウルかの判定を巡って審判ともめ、その中で侮辱行為があったとして、同10日にリーグから5試合の出場停止処分が下った。

翌11日、新潟球団は根鈴に戦力外通告を行い、同時にコーチ契約を更新しないことも通達した。

新潟の球団会長・藤橋公一にも、一連の事件について問うた。

「根鈴君の野球への情熱が、違った形で出てしまったんだろうと思うんです」

新潟はサッカー、バスケットボール、野球と、3つのプロスポーツを「アルビレックス」として統合し、地元にしっかりと根付かせている。

多くの地元企業が、スポンサーとして支援してくれている。地域密着、地域貢献を旗印とする球団の社会的立場もある。

根鈴のキャリアや、この試合に至るまでの背景も一切考慮していない〝切り取られた一場面〟に過ぎないといっても、社会的マナーに反する、下品な、不適当な言葉への責任は大きい。

「死ねという言葉は、やはり不適当なんです。彼のキャリアや実績は申し分なかった。でも、彼の経験してきたものとは違った部分が出てしまった」

藤橋の見解は、まさしく正論中の正論だ。

地元に根を下ろすプロのスポーツクラブ。それは、私企業でありながら、公共財として、地域のシンボルとしての意味合いもある。

企業として、苦渋の決断を下さざるを得なかったのだ。


秦に取材を申し入れたのは、２０１７年（平成29年）８月、読売ジャイアンツの3軍コーチを務めていた時だった。

巨人の広報部を通し、取材依頼を提出した数日後のことだ。

「話したくないとおっしゃられていました。根鈴さん、でしたっけ？　その人って、よっぽどの人なんですか？」

広報から電話で告げられたのは、秦からの「取材拒否」だった。

法大の先輩、後輩の間柄。グラウンドで会えば、根鈴は挨拶も交わすという。しかし、あの行為に関しては、秦は許せないのだ。

野球人として、野球をどう捉えるのか。それは、個々人のポリシーの違いであり、秦がいい、根鈴が悪いという二元論ではない。

むしろその怒りに、秦という野球人の〝思い〟が伝わってくる。


村山と根鈴が再会したのは、新潟退団から2年後のことだった。

「わだかまりはありました。ひどいヤツだと思っていました」

そう振り返った村山にとって、2年の月日は、あのギロチン事件を〝教訓〟と受け取るようになるまでの時間だった。

根鈴に「俺のせいだ」と謝罪し、やっと和解できたという。

「乱闘シーンは、ショービジネスとしてみれば楽しいのかもしれません。でも、俺たちのリーグはそうでない野球をしよう。そう決めたんです。あの事件がきっかけです。それまで中途半端だったんです。選手にそういうことをさせてしまった、許容させてしまっていた。今だって、中途半端と言われますよ。でも、20歳でも22歳でも、高校野球よりも全力疾走するようなリーグであろうと。そう誓ったんです。きれい事だと言われるのは、もちろん承知の上です。子供たちの見本になる野球をやろう。この野球をやって社会からいらないと言われたら、市場から出ていけばいい。その覚悟が決まったんです」

地域のために。そして、子供たちのために。

村山は、BCLを「超・高校野球」と位置づけ、それを公言するようになったのも、この一連の事件がきっかけだった。

「だから、村山さんの言うことは、100%分かります。問題提起ができたことは、よかったと思います」

根鈴の心にも、しこりはもう、残っていない。

新潟を去った後のことだった。

群馬のファンを名乗る人物から、根鈴のもとへ手紙が届いた。

「憎らしいけど、あなたはプロとして振る舞った。その行動を私は支持します」

そのメッセージに、根鈴は救われる思いがしたという。

「一石を投じられたかなと思っているんです」

「BCL憲章」ができるきっかけとなったのは、確かに、根鈴の〝非紳士的言動〟だった。ただ、それは単に『悪』と断じるべきものではない。根鈴の名誉のためにも、声を大にして言っておきたい。

「独立リーグは、プロである以上、映画と同じような娯楽ですよね。だから、敵地でブーイングを受けるくらい、クソ憎たらしい選手がいてもいい。その中でお互いに競い合う。それがプロのたしなみですよ。完全に『子供たちのため』という、それだけの野球じゃダメ。僕も、プロで十何年もやってきた。相手がインコースを攻めてくるなら、それでいい。ただ、投げるためには技術がいる。当ててしまったら、その報いは受けなきゃいけないですよ。味方が痛めつけられて、へらへらしている監督やコーチはいません。勝負事なんですよ。許されたルールの中での戦いですからね」

根鈴の「プロ野球観」には、1ミリたりともブレはない。

ただ、これからの時代、もっとこんな事態は起こり得るだろう。

米国で生まれ、日本に帰国した高校生が、野球部に入ったとしよう。生まれ育った環境が違えば、スポーツ観も変わってくる。野球への取り組み方も、捉え方も違ってくるはずだ。

ルールは共通でも、そこに文化的摩擦が生じる。

そうした異質の感覚を持つ選手を排除するのか。

それとも、うまく融合させていけるのか。

伝統を守る。それは、変化を避けることではない。

〝ギロチン事件〟に見られた一連の現象は、ボーダレス化する世界の中で、むしろこれからの方が、もっと起こりうる事態でもあろう。今の、そしてこれからの時代を生きる人々が肝に銘じておくべき、重要な教訓の1つなのかもしれない。

2009年（平成21年）

第2回WBCで、原辰徳監督率いる日本代表は連覇を果たした。

2大会連続出場のイチローは、不振に苦しみながらも、決勝の韓国戦で、同点の延長10回、決勝の2点タイムリーを放った。

その存在感の大きさを、改めて世界に見せつけた。

一方、新潟を去った35歳の根鈴は、四国アイランドリーグｐｌｕｓの長崎球団への移籍が決まった。

四国アイランドリーグに「ｐｌｕｓ」の名が付け加わったのは、四国4県に加え、2008年（平成20年）から、福岡と長崎の九州2県を本拠とする球団が加わったことにあった。

長崎の球団名「セインツ」は、根鈴がメジャーの夢を絶たれた2001年（平成13年）に、オタワ・リンクスを退団した直後に入団した米独立リーグの「セントポール・セインツ」にちなんだものでもあった。

長崎で2年プレーした後、２０１１年（平成23年）には、同じ四国アイランドリーグｐｌｕｓの徳島へ移籍した。

その時、37歳。

育成を主眼とする独立リーグで、この年齢でも誘いがあった根鈴は、いつしか「ミスター・独立リーグ」と呼ばれるまでになった。

その年、イチローはメジャー挑戦以来、10年連続でマークしていた「打率3割」「シーズン２００安打」「オールスター出場」の記録が途切れてしまった。

そして、徳島2年目となる２０１２年（平成24年）。

根鈴は、シーズン6本塁打を放っている。

「やる気はあるんですよ。でも、オファーがないだけ」

4歳の息子を持つ39歳の「ミスター・独立リーグ」は、寂しさをジョークにくるみ、笑顔のままで「現役引退」を決めた。

終章　根鈴道場

東京・明治神宮野球場は、東京六大学リーグの聖地であり、また東京ヤクルトスワローズの本拠地として、春から秋にかけ、常に熱く、激しい戦いが繰り広げられている。

一転して冬。つかの間の静寂が訪れる。

２０１３年（平成25年）１月12日。

いつもなら静まりかえっているはずの神宮球場が、その日ばかりは、季節外れの歓声と熱気に包まれていた。

正月明けの日差しが、いつになく心地よい一日だった。

「根鈴雄次　引退試合」

高校不登校、引きこもり、留年、渡米、中退。

定時制高校入学、法大推薦入学、23歳の新入部員。

再渡米、3A昇格、メジャー目前での解雇。

5カ国でプレー、そして「ミスター・独立リーグ」の称号。

決して形に残るような大記録を、野球界に刻んだわけでもない。

メジャー昇格も逃した。NPBでのプレー経験もない。

その男の「最後の大舞台」を演出するために、仲間たちが、後輩たちが、2時間で二十数万円という使用料を割り勘で出し合い、神宮球場を借り切ったのだ。

法大の後輩で、その年から千葉ロッテでプレーすることが決まっていたG．G．佐藤が発起人として呼び掛けると、世界各国に散らばる「根鈴軍団」の面々が、冬の神宮へと馳せ参じてきた。

その数、およそ100人。

集まってきた野球人たちは、どこかの国で根鈴に出会い、教えを授けられ、その大きな背中を追ってきた男たちばかりだった。

妻の真衣の始球式で、エキシビションマッチが幕を開けた。

オレンジのジャージの背中は、誕生日の「8月9日」と〝や・きゅう〟をかけた「89」。BCL新潟時代のユニホームで打席に入ると、右手で持ったバットを、右翼席へ向かって突き出した。

伝説の本塁打王、ベーブ・ルースが見せた「予告アーチ」のうり二つのポーズに、グラウンド中は大笑いだ。

フルスイングの一打は、スタンドまでは届かなかったが、ライトオーバーの二塁打。39歳になっても、パワーは健在だ。

「予告アーチ」のポーズ

〝お色直し〟もした。

胸のロゴは、筆記体で「ＬＹＮＸ」。エクスポズ３Ａ「オタワ・リンクス」の、白地に縦のストライプが入ったユニホームだった。

メジャー昇格。

手を掛けたその夢は、寸前のところで、すり抜けていった。

プライドと、悔しい思い出。すべてが詰まったユニホームで、根鈴はマウンドにも立った。

独立リーグでは、コーチ自らが、打撃練習で選手たちに球を投げる。だから、兼任コーチの経験がある左腕はコントロールがいい。

2回を1安打無失点、1奪三振の好投だった。


夕日が西に傾き始めた頃だった。

ホームベースを囲むようにして、引退セレモニーが行われた。

「僕たち後輩に、野球ができるのは日本だけじゃない。世界各地にプレーする場所はあるんだということを教えてくれました」

力のこもったG.G.佐藤の挨拶に、誰もが聞き入っていた。

妻の真衣が照れくさそうに花束を渡すと、盛大な拍手が巻き起こった。

「集まるきっかけになって楽しいですよ。僕からすれば、何ともありがたいです。アメリカでぶらぶらしていた頃や、定時制の頃の友だちも来てくれた。何もないところから、ここまでの広がりを確認できたのが、ホントにうれしいです」

自然発生的に、輪ができた。

その真ん中に、根鈴がいる。

多くの手が、背中に、腰に、尻に、足に触れている。

「引退する人とは思えない重さだよ」「よーし、高く上げるぞ」

体重100キロを超える、分厚くて、大きな体が、仲間たちの手で7度、宙に舞った。

「引退するのか……って感じです。無理やり、区切りをつけさせられた感じがしますよね」

プロ13年、5カ国、15球団。

そのキャリアにピリオドを打つ「引退試合」の前日だった。

私は、根鈴の自宅がある横浜へ向かった。

「彼、これから、どうなるんでしょうね」

大谷翔平の動向を、根鈴は何よりも気にかけていた。

宙に舞う根鈴

2012年（平成24年）10月21日。

岩手・花巻東高の大谷翔平は、4日後に控えたNPBドラフト会議を前に、メジャー挑戦を正式に打ち出した。

日本のプロ12球団への、事実上の「指名拒否」の表明だった。

投手として、高校生史上初のMAX160キロをマーク。

打っても、2012年春の甲子園では、その大会で優勝する大阪桐蔭高のエース・藤浪晋太郎（現・阪神タイガース）から本塁打も放った。
投手でも、野手でも、どちらでも超一流の素材だ。

ロサンゼルス・ドジャースをはじめ、メジャーの争奪戦も激しさを増していた。その状況下で、北海道日本ハムファイターズが１位で強行指名した。

「気持ちは変わらない。入団の可能性はゼロです」

大谷は、指名を受けた直後の会見で、きっぱりと宣言した。

それでも、日本ハムは諦めなかった。

球団が作成し、それを基に大谷に説明した資料がある。

「大谷翔平君　夢への道しるべ〜日本スポーツにおける若年期海外進出の考察〜」

日本人だけでなく、外国人の高校生が、メジャーにいきなり挑戦したケースの成功例が少ないことが、具体例で記されていた。

そこで、日本ハムが「最善のルート」として提示したのは、まず日本で経験を積むこと。つまり、日本のプロを経由した上で、メジャーに挑戦するというものだった。

投打の「二刀流」という前代未聞の挑戦も、球団は全面的にバックアップすることを約束した。育成プランを示した上で、日本から米国へという流れと、そのためのシステムも説明し、本人も両親も十分に納得させ、日本ハム入団へと翻意させた。

米国でのプレーを、諦めたわけではない。

ただ、現時点では行かない。

その〝猶予〟を取ったことが、根鈴の心に引っかかった。

「惜しいよね。最初から、米国でやってほしかったよね」


大谷が、メジャーを目指す。

仮に高校卒業のタイミングで、日本のプロを経ず、米国に行ったとしよう。もちろん、マイナーからのスタートになる。投打の「二刀流」だって、容認されたかどうかは分からない。それでも、メジャー側の打者としての評価は、非常に高かったと聞く。

もし、打者としてプレーすることになり、マイナーで実績を積んでいくことで、メジャーを目指す道を選んだと仮定しよう。

このステージを突破すれば、日本のプロを経ていない「日本人野手」として、初めてのメジャーリーガーが誕生する。

これで『根鈴超え』となるのだ。

ある意味、根鈴雄次という男の存在が、クローズアップされていたかもしれない。

だから、というわけではない。それでも、日本のアマからいきなりメジャーを目指すという壮大なチャレンジを、根鈴は大谷にトライして欲しかったのだ。

「メジャーに挑戦したい」

そう公言するトップレベルの高校生が増えてきた現実はある。ただ、そんな彼らを、積極的に後押しする声が多いとはいえない。

言葉、文化、生活。簡単に越えがたい壁があることは確かだ。

日本ハムの説得も、メジャー挑戦という夢の実現へ向けて、マイナーでの生活で想定される、あらゆる「リスク」を低減するためのプランともいえた。

どこか、挑む前からマイナスのことばかりが強調されている感も否めない。ただ、それを含めての「挑戦」ではないのか。

若い時の苦労は、買ってでもせよ。

そんな格言よりも、リスクヘッジが優先されてしまうのだ。

不登校、引きこもり、高校中退、定時制高、22歳での法大入学、海外でのプレー。

王道を歩んでこなかった、いや、歩みたくても歩めなかった根鈴のような男たちには、そもそも、日本でのチャンスが狭められているともいえる。

語弊があるかもしれないが、その状況は「自分のまいた種」とも言わざるを得ない面もある。

それでも彼らには、大谷以上のマイナス要素が、最初から待ち受けている。

契約金もない。身分保障もない。通訳もいない。

それを覚悟の上で、根鈴も、三好も、G．G．佐藤も、そして引退試合に集まった根鈴軍団の面々も、海外へと飛び出していった。

根鈴のように、日本で教育を受け、プロ経験がないまま米国に渡り、メジャー直前の３Aまで行った日本人野手は、２０１８年（平成30年）の時点でも、根鈴以外には２人しかいない。

２００３年（平成15年）に坂本充《さかもとみつる》がロッキーズ３Aのコロラドスプリングス・スカイソックスで、２００９年（平成21年）に角一晃《すみいっこう》がエンゼルス３Aのソルトレーク・ビーズでプレーしているが、２人はいずれも１試合出場、１打数０安打の記録しか残していない。

G．G．佐藤はいう。

「法政の補欠が３Aですよ。米国、楽勝だと思ってました。でも自分は、シングル（１A）止まりでした。トリプル（３A）って、ホントにすごいこと。あり得ないことなんです」

前例すらないその道を、一人で歩いてきた。

大谷なら、また新たなるルートを切り開いてくれる。

そして「メジャー」という関門も、乗り越えてくれる。

根鈴は、自らが成し遂げられなかった夢を、大谷にダブらせていたところもあった。

しかし、大谷は日本ハムを選んだ。

その後の活躍ぶりは、人々の記憶にも、記録にも刻み込まれている。日本での5シーズンで、前例のない投打の「二刀流」で驚異的な結果を出し続けた。

投手として、通算42勝15敗。3年目の2015年（平成27年）には、最多勝と最優秀防御率のタイトルを獲得した。

打者として、通算打率・286、48本塁打、166打点。

チームが日本一に輝いた2016年（平成28年）には、指名打者と投手の2部門で同時にベストナインに選出され、さらにパ・リーグのMVPも受賞した。

そして、2018年から、満を持してメジャーリーグに挑戦することになった。

ポスティング・システム、それは、日本ハム球団が大谷の希望を受け入れ、入札制度を活用した上でのロサンゼルス・エンゼルスへの移籍だった。

大谷が選んだ〝現実的路線〟が、正しかったという証明でもある。

理由の後付けに聞こえるかもしれない。それでも、プロの世界というのは、結果がすべてなのだ。

日本ハムが提示したプラン通りに、自らの人生をコントロールするだけの力が、大谷にはあったのだ。

ただ、大谷を日本に引き留めたあの時、大騒ぎした周囲の大人たちや野球人たちの中で、果たして、どれほどの人が「日本以外」でのプレーや生活を経験し、熟知していたのだろうか。

マイナーや米国の独立リーグ、ヨーロッパの国内リーグでのプレーを、実際に体験しているプレーヤーは本当に数少ない。

若き逸材が米国に行ったら、日本の野球界が空洞化する。

そうした〝引き留めの世論〟も強くなる。

メジャーは甘くない。いきなり米国に行っても通用しないというネガティブな意見の方が、前面に出てしまいがちになる。

根鈴が、自らの現役引退の前日に語った「大谷への思い」は、後に続く若き野球人への、そして、新時代への提言でもあった。

その言葉に、熱がこもった。

「米国って、世界で野球振興をしているんです。ヨーロッパでもそうだし、アフリカでも、中国でも、そして日本でも。

米国は、虎視眈々と日本の球界を狙っているんです。だから、大谷君のような存在は、もう止められなくなりますよ。中学生や小学生の化け物の選手たちが『大谷君を超えてやろう』と、そう思っているヤツたちは、ホントにたくさんいます。

もう、同じようなルートは止められない。大谷君みたいなパターンは、これでラストでしょう。次にそうなった時、どこかのタイミングで、日本から米国に（直接）行っちゃおうということになって、行ったとしたら、何年間か、日本のアマチュアも、ぐちゃぐちゃになるでしょうね。

マーケットは『世界』なんです。今、この時代で、野球をやっている立場で、すごい選手になった時に、どこが目標になるんですか？　トップに立った時に、選手は何を要求するのか。オリンピックの金メダルですか？　野球で満足できるのは何か。現実を見ないといけないでしょう。

それが叶えられるのは、メジャーリーグだけですよ。

大谷君みたいな選手は、これから出てきます。米国でつぶされたら困ります。だからきっちり育てて、米国に行かせてやりたい。それができるのが、俺みたいな人材ですよ。『のし上がりたい』と思っている人材は、体育会の感じだと、牙を折られちゃう。そうならないよう、ポテンシャルを持っているヤツのコーチを、俺はやっていきたいんです。

ガチの一番下からアピールして、自分の価値を高めていく。体も大きくする。そのノウハウがあるのは、俺ですよ。

次の大谷君を、米国に行かせる。そのケツを押す。

甲子園を目指さず、中学を出て、日本の独立リーグに行ったっていいじゃないですか。ウェルカムですよ。世論が二分するくらいでいい。僕なんて、高校野球では4打数2安打1本塁打。これだけです。日本高校野球連盟に所属しなくたって、米国でプレーできる。世界でプレーできる。

俺は、そういうことを体現してきたんです。

新しいところへ、創造できるところに、選手を引っ張り込む。その〝本気バージョン〟を、俺は作りますよ。それは、周りがまだ達成していないし、やろうともしていないですから。

日本の野球界には、アメリカンドリームがないですからね」

その思いを実現させるための〝虎の穴〟を造り上げた。

横浜市都筑区。田畑も点在する静かな住宅街のど真ん中にある。

根鈴道場

「根鈴道場」

その大きなバナーが、離れた場所からもくっきり見えてくる。

自宅から、車でおよそ5分。

道場の正式名称は「アラボーイ・ベースボール」という。

日本だと「ナイスプレー」「ナイスバッティング」。

いいプレーが出ると、そう声を掛ける。

「アラボーイ」は「attaboy」。

That's a boy.

これが縮まった形といわれており、男の子を励ますための言葉だという。

いいプレーが出ると、米国ではこう声を掛けるのだ。

「いいぞ、お前たち！」

元々は水田で、しばらくは資材置き場になっていた70坪の土地が、売りに出されていた。

「野球のスクールをやってみたいんだよな」

根鈴は、妻の真衣に胸の内をふと漏らした。

「でも、お金、ないしなあ……」

弱気な夫を見ると、真衣はイラッとするのだという。

真衣は、飲食店でマネジャーを長く務めていた。新規店の立ち上げから開店に至るまでの流れも熟知している。

「そんなの、借金すれば、いいだけじゃん」

根鈴は、銀行に提出するための「融資計画書」を、真衣のアドバイスを受けながら、記すことになった。

野球を教える。そのための「塾」を開く。

バッティングマシン、ネット、ロッカー、ボール。そうした必要な設備の予算と、スクールにやって来る生徒たちの年齢層、スクール生募集のためのアプローチ法、生徒数の見込みなどを提示した。

もちろん、自分がどういうキャリアを歩んできたのかも記した。

法大、そして3A。米国、カナダ、メキシコ、オランダ、そして日本。5カ国にわたっての「プロ」としての略歴を書いた。

銀行の担当者も「結構、野球に熱い人だったんです」。

根鈴の資料とプレゼンに、うなずいてくれた。

「そうしたら、融資、満額出ました」

世界へ飛び出す野球人を、横浜から育てていく。

情熱を〝形〟にする。

そのビジネスを、ビジネスのプロたちが「価値あり」「採算が取れる」と判断してくれた証拠でもある。


「結構、イメージ通りにできたんですよ」

日本のネットの色は「緑」。しかし、米国の防護ネットは「黒」なのだ。わざわざ米国から取り寄せ、施設に張った。

バッティングマシンは2台。

ボールを置き、ネットに向かって打つ。そのための「タナー・ティー」という、メジャー御用達のティーがずらりと並べられている。

球場のアンツーカーと同じ土色のマットも、ローリングス社の練習球も、どちらも日本では使われていないもので、すべてを米国から取り寄せた。

色合いも、備品も、まさしくメジャーの香りがする。

2017年（平成29年）6月に完成。夜間照明も完備された施設の総額は、およそ3000万円だった。

「毎月分の返済分は稼げているんです。あとは、それがプラスになるようにしないといけませんから」

1年近くで、その〝弟子たち〟は40人ほどに増えた。

開設から2年たった２０１９年（平成31年）には、平日の個人レッスンの枠が、定期契約の選手で一時は完全に埋まってしまうほどの盛況ぶりも見せている。

道場の門を叩く選手たちのレベルや目的も、また様々だ。

小学生を対象としたスクールクラスでは、軟らかいボールで打ち、壁当てでゴロ捕球をしたりする。草野球チームでプレーする会社員が「もっと打てるようになりたい」と、打ち込みにやってくる。

レギュラーから外れたが、米国へ挑戦したいと、毎日のように通い、根鈴の指導を受ける現役の大学野球部員もいる。

現役を引退したG．G．佐藤も、プロＯＢたちのイベント「ザ・プレミアム・モルツ球団」でのプレーのために、ここで打ち込んだ。

そして、プロの選手までもが「根鈴道場」に足を運んでくる。

２０１８年（平成30年）12月。

プロ野球のキャンプインを2カ月後に控え、大阪から一人で「根鈴道場」を訪れたプロ野球選手がいた。

オリックス・バファローズの外野手・杉本裕太郎。

１９９１年（平成3年）生まれの杉本は徳島商、青山学院大、社会人のＪＲ西日本と、アマの名門チームでのプレーを経て、２０１５年（平成27年）のドラフト10位指名でプロ入りを果たした。

指名順位が物語るように、決して高い評価ではない。

身長１９０センチ、体重98キロ。恵まれた体格からも想像できるように、その「和製大砲」のパワーは、ある意味、日本人離れしたものがある。それが、杉本の最大の魅力でもある。

しかし、守備位置は一塁手か外野手。パ・リーグは指名打者（ＤＨ）もあるが、それらのポジションは、守備力よりも打力が優先されるために、必然的に外国人が占める割合が高くなる。

出場機会が、なかなか巡ってこない中で「杉本裕太郎」の名前がメディアを騒がせたのは、プロ3年目の２０１８年だった。

プロ野球史上8人目の「出場2戦連続満塁弾」を達成。

さらに、プロ3シーズンで放った5安打の内訳を見ると、本塁打が3本、二塁打が2本。

なんと、シングルヒットが１本もないのだ。

その間の34打席で、三振も11。

当たれば、飛んでいく。当たらなければ、からっきし。

その豪快さは、杉本が大好きだと公言する漫画「北斗の拳」のキャラクターからついた愛称「ラオウ」にふさわしい。


その「オリックスのラオウ」に「根鈴道場」への入門を促した人物がいた。

「一回、行ってみてほしいところがあるんだよね」

杉本にそう声をかけたのは、オリックスの球団スタッフで、2019年（平成31年）現在、1軍のブルペン捕手を務める瓜野純嗣《うりのすみつぐ》だった。

瓜野はかつて、四国アイランドリーグplusの福岡球団で、プロ入りを目指していたキャッチャーだった。

夢は破れたが、2009年（平成21年）に福岡球団が活動を休止すると、現役を退き、オリックスのスタッフとして入団。その後は、ブルペン捕手として貴重な役割をこなしている。

瓜野が福岡でプレーしていた当時、根鈴は長崎にいた。

対戦相手の捕手として、根鈴のバッティングをそれこそ目の当たりにしてきたのだ。

捕手の視線でいえば後ろ足、左打者の根鈴なら「左足」に体重を残し、体の中心を貫く

「軸」の鋭い回転と筋骨隆々の上半身から放たれるパワーで、バットを思い切り振り抜いていた。

「迫力、ありました。スイングの速さですよね。今でいえば、メジャーの打ち方なんです。それを、その時から根鈴さんはすでにやられていたんです」

瓜野には、その豪快な根鈴のスタイルが、杉本とダブった瞬間があったのだという。

「ラオウも、日本人離れしているんです。バッティング練習で僕がキャッチャーで、杉本が打席に入ってスイングをした時、初めて、その瞬間に目をつむってしまったんです。普段は、そんなことはないんですけど、ラオウのスイングが速くて、びっくりしたんです。打球もえぐかったですし」

このパワーを生かせば、こいつはとんでもないバッターになる。

何か、きっかけを与えられないだろうか。

瓜野が、ふとひらめいたのが「根鈴雄次」の存在だった。

「根鈴さんとラオウをかみ合わせたら、どうなるんだろうと。パンチ力がある、スイングも速い、ホームランも打てる。根鈴さんに教えてもらったらよくなったという選手が、独立リーグの時もたくさんいたんです」

オリックスで2軍スタッフだった当時、徳島との練習試合が組まれたことがあった。独立リーグでの現役時代には、話しかけるチャンスがなかったという瓜野だったが、その時に初めて「福岡にいました」と、根鈴に声をかけたのだという。

「ウチに、すごいのがいるんです」

その瓜野からの紹介で、杉本は東京で友人の結婚式に出席したその足で、横浜へ出向いたという。

「オフの間に、いろんな人からいろいろと聞いて、それを引き出しの1つにできたらいいなと思っていたんです」

根鈴がかつて、3Aでプレーし、メジャーに昇格しかけたという実績があるのも知っていたという。

YouTubeをチェックしていると、気になる打撃理論を解説している番組があった。

2018年（平成30年）に、70万回近く再生されたというその番組は、クーニンという名の「野球ユーチューバー」が根鈴のもとを訪れ、質問する形で打撃指導を受けるという内容だ。

杉本は、その番組での理論を参考にしたことがあったという。

「会ってみて分かったんです。あれ、根鈴さんだったんだと」

どっしりとした下半身を土台として、体の中心を貫く「軸」の鋭い回転で、上半身をねじり上げる。

大きなフォロースルーを取って、打球を遠くへ飛ばす。

こういう豪快なバッティングを、やってみたい。

杉本はそう思いながらも、打率が上がらない現状で、どうしても確実性を求めてしまう。そうしないと、1軍に定着できない。

いつの間にか、自分の〝最大の特色〟を消してしまっていた。


バッティングマシンから投じられる球を打ち始めた杉本を、根鈴はしばらく、じっと見ていた。

「そんな大きな体をしてるのに、なんでそんな小さなバッティングになってるの？　もったいないじゃん」

変化球に、ついていけない。だから、当てに行く。

ヒットを求めてしまう。一発よりも、確実性を選んでしまう。

杉本の心理が、根鈴には手に取るように分かった。

そんなこと、しなくてもいい。

右打者の軸足となる「右足」に体重を残して、ボールをできるだけ、手元まで引き付ける。

そうすれば、インパクトで最大の力をボールに伝えられる。

杉本も、それが理屈の上でいいのは分かっていた。

しかし、ボールを少しでも長く見ようとする分だけ、振り出しが遅れてしまう。そうすると、詰まってしまって、打球が弱くなる。

その〝どん詰まり〟を恐れるのも、打者心理でもある。

だから、バットを早めに振り出し、理想のミートポイントよりもボールを前の方で捉えてしまう。

それが「当てに行くバッティング」となってしまう。

その時、どうしても体が投手方向にぶれる。つまり、体の軸がずれる。必然的に打球は弱くなり、打球も上がらない。

「豪快に打とうよ」「どかんと行け」

根鈴のアドバイスは、シンプルそのものだった。

右打者の杉本が左足を踏み出していく時、バットを握っている両手、つまりグリップは右耳の横にある。

その位置で我慢してキープすると、ステップした左足が地面を踏みしめる瞬間、弓を引き絞った時のような形になる。

ここから、体の中心軸を使って、腰を鋭く回転させる。この腰の動きに引っ張られるように、バットを振り出していく。その時、弓の〝解き放たれるパワー〟が伴うことで、スイングスピードをさらに加速させるのだ。

根鈴のコーチングのもと、杉本は一連の動きを分解し、その局面ごとに、体の使い方を何度も確認した。

「引き付けたら、もっとボールは見られる。右足が軸だと、しっくりは来るんですけど、今の僕の技術ではまだ詰まるんです。根鈴さんの打ち方ができるところまで来ていない。でも、メジャーではあの打ち方なんです。僕はあの打ち方をやりたいんです」

杉本は、2018年（平成30年）9月に死球で左手を骨折した影響もあり、2019年（平成31年）2月の宮崎キャンプで2軍中心のB組に組み入れられた。

3月のオープン戦途中で1軍に合流すると、チームトップの3本塁打をマーク。ただ、打率は・214。確実性のなさがやはりマイナスに捉えられ、開幕1軍メンバーからは外れた。

それでも〝根鈴効果〟は続いていた。

4月の2軍戦で、2打席連続を含む2試合で3本塁打。そのタイミングで1軍に呼ばれると、

4月13日の西武戦（メットライフドーム）で、プロ4年目で初となるスタメンでの「4番」に座った。

ここで、待望の一撃が飛び出した。

3回、今季初ヒットは1号2ラン。さらに7回には2号ソロ。

いずれも、打った瞬間に「それ」と分かる一発が、センター方向へと、まっしぐらに飛んで行った。

ところが翌14日、今度は4打席連続三振。

同18日の日本ハム戦（ほっともっとフィールド神戸）では、7回に代打で起用されると、左翼スタンドへ弾丸ライナーで一直線に飛び込む、豪快な3号ソロを放っている。

「教えてもらってから、体を大きく使えるようになったんです。まだ打席で考えてしまうことがありますけど、理に適っている。オフになったら、また根鈴さんのところに行きたいです」

強さと脆さが、同居している。

それでも己のパワーを信じ、もっとホームランを打ちたい。

その貪欲な姿勢に、根鈴は若かりし自分の姿を見ていた。

「GG（佐藤）のように遅咲きですけど、魅力ある、ファンに好かれる選手になってほしいですよね」

eat　sleep　baseball

瓜野も、その変貌ぶりを楽しみにしている。

「まとまったら、化けそうな気がするんですよ。きっかけをつかめれば、ラオウはホームラン王を獲れるくらいの逸材ですから」

プロも、教えを請う。

根鈴の「ティーチング」という革袋には、豊富な経験と実績から抽出された、実に深みのある〝醸造酒〟が、たっぷり詰まっている。

eat　sleep　baseball

食って、寝て、野球。

単純明快なそのポリシーを背中に記した黒いTシャツが、道場主の、お気に入りのユニホームでもある。

ここへ、2008年（平成20年）生まれの愛息・風大も通って来る。

道場を作った理由の1つに「息子と一緒に練習をしたい」という父としての思いもあった。

今や、近くの公園でキャッチボールをしようとしても「危ないから」「他の人に当たるかもしれないから」と、野球を行うことを禁止されているエリアも増えている。

野球人口の減少は、そんなところにも遠因があるだろう。

「根鈴道場」では、硬式のボールも打てる。

「俺がいろんなところで野球をやって来たじゃないですか。風大にも、野球に触れてもらいたいんですよ。あいつが本格的にやるようになったら、俺がやってた球場を巡ってみたいんですよね」

米国、カナダ、メキシコ、オランダ、そして日本。

世界中に、野球がある。野球を通して、世界を知る。

広い視野を、身につけてほしい。

そうすれば、野球だけではない。勉強でもビジネスでも、つながるものが、きっとある。

父としての思い。それは、次世代に野球を伝えていきたいという根鈴の新たな夢でもある。

「風大には、素質はないですよ」

真衣は、シビアだ。根鈴の姿を、最も間近で見続けてきたからこそ、野球界の厳しさも、プロという壁の高さも知り尽くしている。

「でも、努力は惜しまないですね。野球に興味が出てきたみたいで、朝練も、夕方の練習も自分でやるようになったんです。だから私は、風大は東大に行って、そこからメジャーへ挑戦とかできないかなと。壮大な夢ですよね。根鈴さんは、高校から米国の学校に行って、メジャーって言っています。『ウチ、経済的にそんな余裕ないよ』って言ってはいるんですけど」

この「根鈴道場」から、メジャーリーガーを育てたい。

日本のプロを経なくても、高校で不登校になっても、高校野球をやらなくても、22歳で入学した大学生でも、チャレンジできる。

夢は、叶えるためにある。そのための〝場〟を創ったのだ。

「名字の『根鈴』の23画は、女に惑わされるそうなんです」

真衣が、そう言って笑った。

「根鈴さんが、メジャーにもし行ってたら、いろんなところにカネがついて回っていたでしょうね」

日本人初、アジア人初の野手メジャーリーガー。

イチローを超えた男。

そんな肩書がついていたら、人生は大きく変わっていただろう。

のし上がりたい。成功したい。

しかし、ハングリーな思いは満たされることはなかった。

その〝枯渇感〟がなければ、5カ国も、そして独立リーグを渡り歩くことだって、なかったことだろう。

「メジャーに行かなくて、根鈴さんはよかったのかもしれませんね。その悔しさが今もある。憧れもあるんだと思います」

真衣の思いは、きっと、根鈴と共有しているものに違いない。

届かなかった思い。それを息子に託し、後輩たちに託していく。

それは決して、負け犬の人生ではない。

とことんまで、全身全霊でチャレンジした。

目の前にあった夢を、つかもうとして、わずかに届かなかった。

その追い続けた自分の姿は、恥じるものではない。

競争社会から滑り落ちても、再びチャンスはある。

頂点に立てなくても、セカンドチャンスはある。

年齢を問われることなく、新たなチャレンジに立ち向かう。

日本にこだわらず、世界を俯瞰し、自らの立ち位置を見いだす。

時代の変化とともに、今、世間で、こういったコンセプトが強調されるようになってきた。「10年後、20年後に実現するんだろう。時代はこうなっていくんだろう。しょっちゅう、それは感じていたんです」

法大時代の恩師・山中正竹は、23歳の根鈴が入部し、廣瀬や佐藤ら、後輩たちが〝変化〟していく中で、感じていたことがある。

あいつは、時代の先を行っているのかもしれない――。

「確信していたわけじゃないんですよ。でも、日本の野球界の中で、根鈴のようなキャリアを評価しないといけない時代が来るだろうと。何年かかったら、できるんだろうとは思う。なかなか現実には結びつかないよね。それでも、ヤツは生きている。彼が出しているFacebookの情報とか見ながら、こういう思いでやってくれているんだなと。そういうのを見て、成長してくれているんだなと確認しているんですよ」

山中は、法大監督を退任した後、横浜（現・ＤｅＮＡベイスターズ）の球団取締役を務めた。プロのキャリアを経験しないまま、プロ球団のフロントで、要職に就いたのだ。

大学、社会人、日本代表で、いずれも「監督」を経験した。

東京六大学での「通算48勝」も、いまだ不滅の大記録だ。

令和の新時代を迎えた２０１９年現在でも、日本代表「侍ジャパン」の強化本部長であり、アマ野球を統括する全日本野球協会（ＢＦＪ）の会長を務めている。

２０１６年（平成28年）には、野球殿堂入りも果たしている。

アマ、プロの両方の世界で、これだけの多彩な経歴を誇り、それぞれのステージで偉大な足跡を残してきた「山中正竹」という存在は、野球界の中で、独自の輝きを今なお、放ち続けている。


「法政のようなところを出て、企業でやって、監督やって、社会の組織の中に入って、すーっと行く。日本の典型的な生き方ですよね。五輪の経験、世界で戦って、大学の指導者を10年。そしてプロにも入って、教壇にも立っている。絶えず野球界に対して、ぐちゃぐちゃ言ってる。自由人だよね。

あんなこと、よくできるよね。好き勝手だよね。

そう言う人、多いんですよ。私も思いますよ。充実した人生、満足しています。みんな、やりたいなら、やったらいいのにね。でもすべてがやれるもんじゃない。私自身もそう。１つの型にはまるという、決めつけた人が多い世界の中で、日本の伝統はこういうのでいい、それを米国、ヨーロッパに教えてやる。こういう理屈でやっているんだと、伝えることだってできるかもしれない。そういうことが言えるのが、根鈴たちなんです。

崩れないもの、それはそれなりに価値があり、真理がある。それを感じられる人は、いろんなことを知った人しかいない。異文化を知った人なんです。この部分が正しい、間違っていると言えるのは日本がどっぷり、こびりついた人の中では叶えられない。

『これが日本だ』と終わらせる人、崩せない良さはあるのかもしれない。でも、やっぱり違う、これはいいぜ、そういう正しい評価ができるのは、根鈴たちじゃないかと。

絶えず20年先を見る。そうしないと『20年前にも言っていたことだよ』というのが、永遠に続いてしまうからね」


野球も、国際化の流れが来ている。

日本国内の理屈だけでは、立ち行かなくなる時が来る。

世界の潮流に逆らわず、かつ、単に迎合することなく、野球界を発展させ、成長させ、世界と伍していく。

そのためには、世界を知る必要がある。

山中は、自らの長いキャリアの途中で、その重要性に気づいた。

こいつは、それを現在進行形で体現しているじゃないか——。

それが、山中の前に現れた「根鈴雄次」だったのだ。

2018年（平成30年）から、ツインズのマイナーでコーチを務めている三好貴士も、根鈴の〝先取の気質〟を強調した。

「根鈴さんが、イチローさんより先にメジャーに上がっていたらって、思いますよ。それ、普通の人、びっくりしちゃうでしょ、ああいう存在が出てきたら。50年くらい、日本の野球を進めちゃったんじゃないですか。変わっていたと思いますよ。

僕とか根鈴さんはNPBでプレーしていない。何億円も稼いでいない。だから、負け犬の遠吠えに聞こえるかもしれない。でも、やりたいことである野球がやれている。人生で、やりたいことを見つけるのが難しい。それをやり続ける。最大のチャレンジって、リスクを取ることですからね。リスクを取らないと、もう進歩することはあり得ない。やる前はリスクしか言いませんからね。

根鈴さんは、選手として前例を作って、それをやり尽くした。僕は、選手としてのスキルはなかった。でも指導者として、米国でどこまでできるか挑戦している。こういう方法がある、日本でダメでも、海外で。それだけで可能性が出てくるじゃないですか」

元・新潟監督・芦沢真矢も、東京・啓明学園高で、高校球児たちの指導に、情熱を燃やし続けている。

だからこそ、根鈴の生き様にも共感できるのだ。

「僕は、表に表現しないだけです。日本で生活して生きてきた人間です。だから、守らないといけないものがある。それを把握しています。ただ、それだけですよ。根鈴は今、一匹狼として、どこにも所属していない。野球塾をやってるんですよね？　実は、僕もやろうかと思ったことがあるんです。根鈴には、いい生き方かもしれない。そうすると、誰にも縛られませんから」


根鈴の懐に飛び込み、その「一番弟子」を自認する広島・廣瀬純は、プロの指導者となった今もなお〝根鈴イズム〟を貫いている。

「日本人って、フィジカルといえば、すぐに『走り込め』となったり『米を食え』とかになったりするじゃないですか。でも、年々体が変化して、違うトレーニングをする、意識も変える。根鈴さんのお陰で、僕はいろいろな意味で視野が広がったんです。

体が変わったら、見えるものも変わるんです。トレーニングも変わるし、食事も変わる。それは必然だし、理由がある。意識が変わると、分かるんですよ。今のカープの選手も、フィジカルの面でいえば、春と秋のキャンプで、ウエートトレーニングの時間がありますし、練習前の早出のウエートトレもある。トレーニングの重要性ですね。カープでは、そういう部分も重要視していますから」

根鈴の背中を追い、慕い、共感する男たちがいる。

その一方で「彼の話はしたくない」。

はっきりと、私に取材拒否を告げた人たちもいた。

スタンダードから外れた行動は、反抗とも映る。

その〝無謀なダンナ〟を支え続ける真衣は言う。

「メジャーに行ってたら、日本の独立リーグにもかかわっていないでしょうし、少年野球や野球塾でコーチもしていないでしょう。もし一度、2軍でも、育成でもいいから『NPB』というチケットを取っていれば、すべての面で、根鈴さんは楽だったでしょうね。

ここまで野球を続けられているのも、奇跡に近いです。根鈴さんからは『10年たったら楽させるから』って言われて、もう10年たちました。大器晩成かな？　晩成っていつでしょうね。でも面白いくらい、いいタイミングで、こうあるみたいな道に来るんです。

野球って星が、うまい具合に回っている感じですね」

ある日、真衣は息子の颪大のママ友から電話を受けた。

「ダンナさんの球団、つぶれたの?」

2010年（平成22年）のことだった。

根鈴の所属していた長崎球団が、経営難を理由に球団経営を断念したニュースが流れた。所属選手たちの救済措置として、リーグ内の各球団による「分配ドラフト」が行われた。

球団消滅＝失業。世間は、そのように受け取るのだ。

しかし、プロ野球選手は、契約社会に生きている。

終身雇用も、失業保険もない。世間一般の感覚とはまるで違う。

「10月くらいになると、いろいろと電話が入るんですよ。現役の時なんか、毎年そうでしたね。波が激しいですね」

夫が、電話で話し込んでいる姿をよく見ていたという。

打診なのか、正式な要請なのか。どちらともつかないような話があちこちから、根鈴のもとへ舞い込んでくる。

「コーチをやってくれないか」

「アフリカの国で監督を探しているんだけど」

そのオファーに、根鈴は一度、腰を浮かせたことがあった。

「行ってもいい？」

「どこにあるか分かってるの？」

真衣は思わず、声を荒らげてしまったという。

「野球のことを考える前に、国のことを考えてない。やっぱりどこか、野球バカなんでしょうね」

毎年、次の職がどうなるのか分からない。真衣は、電話の向こうの友人に、笑いながらこう話したという。

「うち、毎年、職を失ってるの。だから、毎年の出来事よ」


2002年（平成14年）11月10日。

根鈴は、東京ドームの三塁側ベンチにいた。

「日米野球」のMLB選抜チームには、大家友和がいた。

その2年前、根鈴は3Aでの「初の日本人対決」となった当時レッドソックスの大家から、本塁打を放っている。

その大家は、エクスポズの先発ローテーションの一角を担う、一流のメジャーリーガーへと成長を遂げていた。

根鈴は大家からの招待で、法大時代の後輩、G・G・佐藤と一緒に、三塁側ベンチを訪れたのだ。

その前年、メジャーのシーズン本塁打記録73本を放ったサンフランシスコ・ジャイアンツのバリー・ボンズ。ニューヨーク・ヤンキースを代表するスーパースター、バーニー・ウィリアムズ。

そうそうたる面々に、目を奪われていたその時だった。

視界の端にふと映ったのは、背番号「51」だった。

あ、イチローだ――。

「その一瞬だけでしたね」

根鈴のすぐ脇を、すり抜けていった。

メジャーのスーパースターと、メジャーに上がれなかった男。

その野球人生は、あまりにも対照的だ。

しかし、その『根』は、つながっているのかもしれない。

日本には、どの世界にも〝こうあるべき〟という『型』のようなものがある。

その枠内ならセーフ、外ならアウト。

決して目には見えないが、間違いなくその「境界線」はある。

セーフの枠内にいることが「安定」と受け取られる。

枠から飛び出そうとすると、人はそれを「無謀」だと咎《とが》める。

しかし、根鈴もイチローも、これまでも、そして今も、常に〝枠の向こう側〟にいる。

「ヒット1本で、ライフが1日延びる。ホームランなら、さらに1週間延びる。そんな野球をやってきたんです」

根鈴は、その「弱肉強食」の世界で、闘い続けてきた。

アカデミーでアピールして、マイナー契約を勝ち取った。

ルーキーリーグからのスタート。そこから結果を積み重ね、1Aから2A、そして3Aへ。

メジャーというピラミッドの「底」から這い上がってきたのだ。

逆にイチローは「頂点」からのスタートだった。

日本で7年連続首位打者。その実績を高く評価されたからこそのポスティング・システムでのマリナーズ移籍であり、その入札額は1312万5000ドル（約14億1800万円）に上った。

2001年（平成13年）、ルーキーイヤーに首位打者、新人王、MVP。

2004年（平成16年）、メジャーのシーズン最多となる262安打。

２００７年（平成19年）、オールスターＭＶＰ。

メジャー歴代１位となる10年連続シーズン２００安打。

不滅の栄光を築いてきた男が、最後の最後に、メジャーの「サバイバル戦」という過酷な渦の中に、自分から飛び込んでいった。

「だから、最後が『逆巻き』なんですよね」

根鈴は、そこに同級生の〝心意気〟を感じたのだという。


２０１８年（平成30年）５月３日。

イチローが、マリナーズの「会長付特別補佐」に就任することが発表された。

今季は、もうプレーはしない。来季以降に備える。

しかし、その意向は額面通りに受け取られなかった。

試合に出られない。それは、事実上の「現役引退」だろうと。

それでもイチローは、球団側の容認も受けた上で、ユニホーム姿で、日々変わらず、チームの練習に参加し続けた。

試合には出られないのに、グラウンドに立ち続ける。

メジャーに復帰できる可能性は、１００％ではない。

見ようによっては、功成り名遂げた「レジェンド」が、取るべき行動ではないともいえる。現役にしがみついているとも映りかねない行動は、悪い言い方をすれば「晩節を汚す」ともいえる暴挙かもしれない。

それでもイチローは、自らに試練を課し、立ち向かったのだ。


翌２０１９年。マリナーズの開幕戦は東京開催だった。

周囲は、それが「引退の舞台」にふさわしいと考えた。

しかし、イチローの本心は違っていたのだろう。

東京で打つ。ヒットを打ちまくって、己の力を見せつける。

そうすれば、その「先」につながる。

根鈴は、その〝本気度〟を見抜いていた。

「シーズンを生き残ろう。そう思っていたと思いますよ。でも現実と、体の老い。やっぱり、メジャーのレベルは高いんです。イチローでさえも、実戦から1年近く離れて、オープン戦で打てねえわけですよ。その『リアル』を見せてくれたんです」

オープン戦、24打席連続無安打。

メジャー開幕2試合、６打席無安打。

結果は非情だ。だから、もう「その先」はなかった。

２０１９年３月21日。東京ドームでの開幕２戦目。

日米通算28年。45歳１５０日。

４３６７安打を重ねた男が、ヒットを打てずに苦しみ抜いたその末に、静かにバットを置いた。

イチローは、最後の最後に、メジャーの怖さを味わったのだ。

「実力がなければ、こんなにドライですよと。きっと、１年目に酷評されたことが、フラッシュバックしたと思うんです。１年目の開幕から彼、死ぬほど打ったでしょ。それからメジャーで、いい生活をしてきた。でも、最後はマイナー契約。結果出せずに引退。すべては、紙一重なんです。最後に、イチローは振り出しに戻ったんです。最後に、全部を見たんです」

イチローは、引退会見で「日本に帰れといわれた」という、ルーキーイヤーに、アメリカのファンやメディアから騒がれた〝メジャーの洗礼〟に触れていた。

それを、自らの実力で覆した。

しかし、ルーキーイヤーの18年前、あの時に打てず、不振が続いていれば、それこそ「日本人はダメだ」と酷評され、イチローの運命は、大きく揺さぶられていたかもしれない。

イチローも、常にギリギリの闘いを続けてきたのだ。

〝同じ世界〟にいた根鈴には、それが肌感覚で分かる。

だからこそ、イチローの「最後の姿」が、眩しかったのだ。

もう一回、メジャーでやってやる。

50歳まで、メジャーでプレーしてみせる。

過去の栄光をかなぐり捨て、最後の最後まで、チャレンジを続けた。

そこまでやらなくてもいいんじゃないか。

むしろ、周りの大半の人々は、イチローのチャレンジを励ましながらも、内心ではそう思っていたに違いないのだ。

イチローが、最後の最後に見せた挑戦は、誰かから強いられたわけでもない。

やらなくったって、誰も咎めはしない。

ただ「自分」が「自分」に課した闘いなのだ。

「そこなんです。もう一度、真剣にやれた。どこかで神がからないと契約できない。眠れなかったと思いますよ。びくびくだったと思います。イチローでも打てない。それがアメリカ。でも、イチローは、もう一度やれた。うらやましいです」

イチローは、もう一度、頂点を目指そうとして、どん底であえぐ姿を、自らさらけ出したのだ。

「周りは『かわいそう』だとか『大変だ』とか言うでしょ？　でも、イチローはそこを楽しんじゃう。半年？　もっとか？　1年近くでしょ？　練習だけですよ。あのメンタルは、自分への興味が続かないとできないことなんです。二十何年間、プロとして野球をやってきて、気付いたら周りがすごく評価してくれている感じでしょ。だから、国民栄誉賞も蹴った。最高っすね」

それは、根鈴雄次の生き様と、どこかダブるものがあった。

高校入学後、1カ月で不登校。引きこもり、そして中退。

たった一人で、アメリカにわたって「野球」を追い求めた。

定時制高校に通い、指定校推薦で法大に進学した。

野球部に入部した時から、4年生より年上だった。

それでも、名門野球部で4年間を全うした。

「法大卒」という経歴は、日本の野球界で大きくモノを言う。

しかし、自分の実力でつかんだその「肩書」を置いて、再びアメリカへと渡った。

アカデミーで契約を勝ち取り、ルーキーリーグから1A、2A、3Aと駆け上がり、激しい生存競争を戦い抜いてきた。

メジャーの夢が破れても、アメリカへ、メキシコへ、カナダへ、オランダへ、そして日本へ。

世界を舞台に「プロ」としてプレーし続けてきたのだ。

根鈴にも、イチローにも、その「前例」はない。

2人の生き様は、過去の「鋳型」に、全くはまらないのだ。

そんなヤツはいない。

そんなこと、わざわざやらなくてもいいじゃないか。

そうした周囲からの〝同調圧力〟が、人に、そして自分自身に「限界」を作ってしまうところがある。

しかし、根鈴も、イチローも、そうした「周囲の声」に惑わされることなく、己の「心の声」を聴き、己の可能性を信じ、誰も歩んだことのない道を、己の力で切り開いてきたのだ。

「世間の標準」というものがあるとすれば、そこからは絶対に想像もつかないようなキャリアだろう。

ちょっと躓いたって、必ず立ち直れるんだ。

人とは違う。だから、いいんじゃない！

「俺は、王道から外れています。既存の組織からは、一生煙たがられるでしょう。でも、それでいいと思います。だって、先人のない道の方が、楽しいじゃないですか」

根鈴雄次は、まだまだ「想像外の未来」を見せてくれそうだ。

喜瀬雅則（きせまさのり）

1967年神戸市生まれ。スポーツライター。関西学院大学経済学部卒。'90年に産経新聞社入社。'94年からサンケイスポーツ大阪本社で野球担当として近鉄、阪神、ダイエー、オリックス、中日、アマ野球の番記者を歴任。2008年から8年間、産経新聞大阪本社運動部でプロ・アマ野球を担当。産経新聞夕刊連載「独立リーグの現状　その明暗を探る」で'11年度ミズノスポーツライター賞優秀賞を受賞。'17年7月末に産経新聞社を退社。著書に、独立リーグの四国アイランドリーグplus・高知球団の経営再建とユニークな経営戦略を描いた『牛を飼う球団』（小学館）がある。

不登校《ふとうこう》からメジャーへ　イチローを超《こ》えかけた男《おとこ》

2019年8月30日初版1刷発行

著　者 ── 喜瀬雅則
発行者 ── 田邉浩司
装　幀 ── アラン・チャン
印刷所 ── 萩原印刷
製本所 ── ナショナル製本
発行所 ── 株式会社光文社
東京都文京区音羽1-16-6（〒112-8011）
https://www.kobunsha.com/
電　話 ── 編集部03（5395）8289　書籍販売部03（5395）8116
業務部03（5395）8125
メール ── sinsyo@kobunsha.com

 ISBN 978-4-334-04430-5